詩佛×詩聖×詩仙……

三位不朽詩人，三條人生脈絡，

交織出繁華與傾覆的史詩長卷

盛唐三大詩人

王維、杜甫、李白

周朝——著

和平年代，詩人是大唐的榮耀與臉面
當戰爭來臨，又各自遭逢劇變的命運

安祿山的一把大火，讓盛世轉瞬淪為幻影

我們的故事也因之而起

目錄

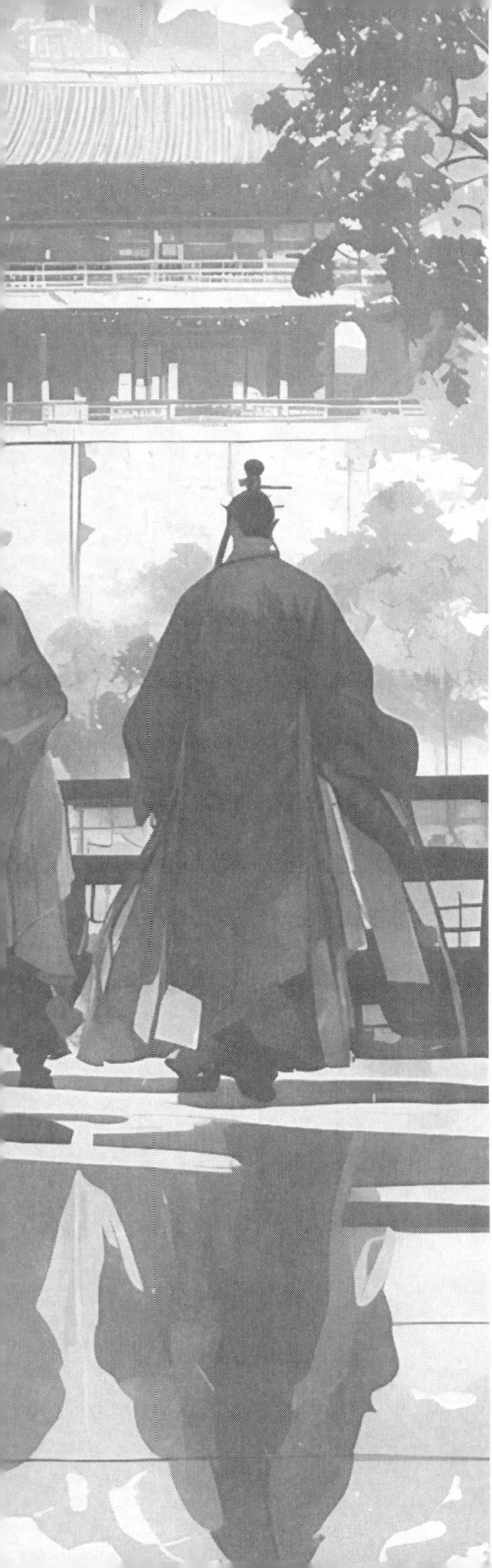

王維

生於武則天長安元年（西元七〇一年）

卒於唐肅宗上元二年七月（西元七六一年）

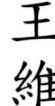

開元四年

故事要從開元四年（西元七一六年）說起。那年春天，一位叫善無畏的天竺僧人沿著當年玄奘大師所走過的路，不辭萬里艱辛跋涉，穿過西域延綿的沙漠和綠洲，終於順利抵達大唐的都城長安。隨行而來的還有他的幾個弟子和十幾匹駱駝，每匹駱駝都馱著兩擔沉甸甸的經文。

相傳，善無畏本是東天竺烏荼國的國王，為人早慧，十歲便能領兵打仗，十三歲奉父命繼承王位，十九歲時因王室鬥爭而主動禪讓，之後就在那爛陀寺出家做了和尚，開始了自己漫長的修行生涯。身為開元年間來長安的首位天竺高僧，那時他已經八十歲了。

善無畏的到來，引得長安城萬人空巷，只見道路上彩綢飄揚、人聲鼎沸，各地聞訊趕來的僧眾與善男信女，從朱雀大街一直排到了安遠門。

當今聖人被他執著弘法的精神打動，親自在興慶宮以上師之禮接見了他，並准許他留在大唐傳教。而這位「密宗初祖」也將不負眾望，為大唐佛學帶來一股新的風氣。

同一年的六月，長安街市上陰雨連綿，聖人的父親睿宗在太極宮病逝了。或許是因為父親的死，又或許是從天竺僧人的經歷中看到了自己過去的影子，聖人的內心百感交集，久久無法平靜，以至於在某天的早朝大會上，他不顧群臣的反對，毅然做出了一個重要決定——將他祖母的謚號由「則天聖后」降為「則天皇后」。

雖一字之差，卻表明了這位年輕的皇帝，對他那位頗具爭議的祖母有了重新定調。

唐隆政變

也是在那一年，我十五歲，弟弟王縉十四歲。為了一睹天竺高僧的風採，同時也為了參加即將舉行的科考，我們第一次從河東蒲州[01]老家來到長安，這一待便是五年。

[01] 今山西運城一帶。

與善無畏所在的國家一樣，大唐的皇室從立國之初就開始頻繁內鬥。在則天皇后當政的武周時期，這種內鬥更是達到瘋狂，相繼有多名李氏皇族慘遭殺害，為李家蒙上了一層濃重的陰影，而聖人，便是在這種殘酷環境中一路成長起來的。

六年前，聖人的伯母韋皇后和堂妹安樂公主因覬覦帝位，合謀毒死了他的伯父中宗李顯。當時掌權的太平公主為避免好不容易安定下來的皇室再次動亂，對此祕而不宣，還委命上官婉兒等人草擬詔書，擁立韋皇后的幼子李重茂為帝，改元為「唐隆」。

此外，為了達到李唐皇族與韋氏之間的權力平衡，太平公主以韋皇后為知政事，以聖人的父親睿宗——時任相王的李旦為參謀政事，兩人相互制約，共同主理朝政。但韋皇后和安樂公主對此並不滿足，竟與宰相宗楚客等人合謀，企圖架空相王李旦，並仿效則天皇后臨朝稱制。結果鬧劇才剛剛開始，就被聖人聯合太平公主、神武軍[02]果毅都尉陳玄禮等人在玄武門舉兵剿滅了，韋氏母女及其黨羽盡被誅殺。

接著，在聖人和太平公主的支持下，睿宗重新登上了大寶，聖人因功被立為太子。但不過兩年，據說是因為長安城的上空有彗星出現，坊間傳言這是太子登基的預

[02] 唐代禁軍之一。

兆，早已厭倦了皇室鬥爭的睿宗，便順水推舟把帝位禪讓給了聖人，自己則做起了太上皇。

對此，聖人雖幾經猶豫，但還是選擇了接受。

誅殺太平

然剛一登基，聖人便遇到了一個強勁的對手。不是別人，正是當初和他一起把父親重新扶上皇位的姑姑——太平公主。自則天皇后病危，太平公主就因迎立中宗復辟李唐立下大功，深得中宗的信任。後來她又襄助睿宗復位，獲封鎮國公主，食邑萬戶，讓本就權傾朝野的她，變得更加驕橫跋扈。一時間，朝中依附她的黨羽如過江之鯽，越聚越多。

睿宗在位時，她便積極參與朝中大小事務，根本不把聖人放在眼裡，當聖人還是太子時，她就多次向睿宗進言，要求廢黜聖人的太子之位。起初，由於羽翼未豐，聖人對他這位姑姑的行徑還默默隱忍，待他登基之後，情況就不一樣了。

那是先天二年（西元七一三年）的七月，即聖人登基的第二年。太平公主因不滿兄長睿宗將朝政大權全部移交給聖人，竟夥同一眾擁護她的大臣在家中密謀，打算廢掉聖人的帝位。可惜很遺憾，她的計畫還沒落實就被人告發了。

這一次，聖人終於不再忍讓。他果斷先下手為強，聯合岐王李範、薛王李業、宰相郭元振、內給事高力士等人率軍包圍了太平公主的府邸，毫無防備的太平公主很快被擒獲。不久，聖人下詔賜死了她——這個他祖母生前最寵愛的女兒。太平公主的隕落，象徵著自則天皇后以來，持續三十年的皇室內鬥終於徹底結束，而聖人成了最後的勝利者——那一年，他二十八歲。

年輕的皇帝，端坐在龍庭之上，環顧宇內，臉上浮現出一絲莫名的微笑。

是的，一個屬於他的時代到來了——開元！我因身處這樣一個時代，而感到自豪。

少年游俠

在大唐有「五姓七望」的說法，太原王氏就是其中之一。從漢末的司徒王允算起，這一家族中相繼有多人位列三公，有女兒成為皇后的，有男兒當上宰相的，亦不在少數——我和弟弟，便是來自這一顯赫的家族。也正因此，我們初到長安就受到王公貴冑們的熱情歡迎。

那時候，聖人為了掃除皇族血腥政變帶給長安城的緊張壓抑氛圍，十分鼓勵文藝和娛樂活動。我們每天流連於各色宴席之間，意氣風發，與公子王孫對飲，新豐美酒，繫馬高樓，夢想像游俠仗劍街頭，抑或像漢代霍去病那樣，激盪邊庭，成就少年不世之功。

現在回想起來，那真是一段雖然糊塗，卻又酣暢淋漓的少年時光啊。

就這樣，幾年光陰，裘馬清狂，一晃而過，甚至連岐王李範也聽聞了我們的名聲，並經常邀請我們去他家中作客，伴著胡姬歌舞，與眾人詩酒唱和，以祝雅興。

那時候的人都流行寫詩，因為寫詩可以做官，所以我們也寫，但主要是我寫。至於弟弟，他似乎對兵法更感興趣，這也為他後來的人生埋下了伏筆。

除了寫詩，我也喜歡畫畫和彈琴——這些都是母親從小教我的，由於父親去世得早，她獨自一人撫養我們兄弟倆長大。她信佛，我們也信佛。

岐王很喜歡聽我彈琴，每回宴會，他都會指名讓我為大家彈奏一曲。起初，我對此還頗感興趣，但是時間久了，我便開始膩煩，尤其是在我第一次科考落第之後。

「您知道，我來長安並不只是為了這些。」我鼓足萬分勇氣，跪拜於地。

「行吧，明天我帶你去見一個人。」岐王微微一笑，說道。

入終南山

岐王要帶我見的人，是一位道士，更準確地說是一位女道士。這位女道士可不是一般人，她同時還是岐王的妹妹，而岐王的妹妹就是當今聖人的妹妹，並且是最受寵的那一位——玉真公主，因排行第九，故亦稱九公主。

岐王說，我想進士及第，必須先過玉真公主這一關。那時候，玉真公主正隱居在終南山潛心修道——有了之前的教訓，皇室成員們大多或主動或被動地退出了帝國的權力核心，有的如岐王，醉心文藝；有的如玉真公主，隱居深山，雖早已不問政事，但身為聖人的至親，他們的一言一行仍能密切地影響朝局。

在大唐，信仰是自由的，各種教派並行不悖——儒釋道之外，諸如大食教、祆教、景教等也紛紛傳到長安。這些膚色、語言、習俗、服飾各異的信徒，成了長安城中一道別樣的風景。不過因為皇家姓李，道祖老子據說也姓李，所以總體而言，道家一直位居諸教之首。

唯一的例外，是在則天皇后當政的武周時期，為了區別於李唐政權，則天皇后大力推崇佛家，使得佛家也曾一度位居儒釋道三家之首，甚至在東都洛陽郊外的龍門，還有按照則天皇后本人容貌雕刻而成的盧舍那大佛，供帝國的臣民瞻仰與膜拜。

但是當帝位重歸李唐後，道家又再次登頂，各路道士隱者頻繁地出入宮廷，並且由於聖人本人的大力推行，修道成了和寫詩一樣的時髦之舉，在王公貴族之間頗為盛行。

而我，經岐王的引薦，終於得以踏進玉真公主深藏在終南山間的道觀——一座被小河環抱的四合院落，樸素中帶著貴氣，炊煙裊裊處，空山鳥語，分外怡人。

玉真公主

待鳥鳴初歇，萬籟俱寂，終南山間的高人隱士們，便陸續抵達玉真公主的別館——按岐王事先的安排，我身著樂工的羽衣，以琴師身分為在場的賓客彈奏助興。

最終，我不負岐王所望，透過一首最近創作的琵琶曲〈鬱輪袍〉，越過宮商角徵羽的弦外之音，將我五年來旅居長安的憤懣與憂愁一掃而空，連玉真公主都讚嘆不已。

「琴彈得甚好，此子是何人？」她問。

「他叫王維，是從蒲州來長安應考的學子。」岐王說道。

「既然是學子，何故這般樂工打扮？」她似有些不悅。

「倘若直接讓他來見妳，我擔心會太過唐突了。」岐王說。

「兄長多慮了，此等人才，我自當引薦。」她說。

「既是如此，我便讓他換了平日衣裳。」岐王笑道。

隨之，當我從後堂換回學子打扮，再次出現在眾人的面前時，大家無不點頭稱讚，紛紛誇道：「果然好少年，真乃妙年潔白，風姿鬱美。」

而我也看準時機，果斷向玉真公主呈上了早已謄抄好的原創詩稿，誰知她竟看得入迷，還說我所呈詩作皆是她平日最愛誦讀的佳句，不曾想今日竟遇到了作者本尊。

玉真公主的話，讓我惶惑不已，我永遠忘不了她那張靜默如玉的臉，彷彿看慣了世事沉浮，對人間之事總是報以溫暖的淺笑，我想這是修道之人才能養成的恬淡品性吧。

於是，不知是因為玉真公主向聖人的誇耀，還是因為我自己的真才實學，第二次參加科考，我居然成了狀元，得魁天下，名揚四海。

那一年，我才二十歲。

黃獅舞案

新科得魁的我，成為朝中萬眾矚目的明日之星，很快就被聖人委以太樂丞的職務。

這是個管理皇家禮樂的官，雖然品級不高，但是每天都能跟大唐最傑出的一批樂師待在一起切磋技藝，比如李龜年就成為了我很好的朋友。

甚至連聖人，身為當今天子，也是一位精通音律的全才，在繁忙的朝政之餘，也常來樂府中與我們管弦相交，這對我來說未嘗不是一種幸運。

至於我的弟弟王縉，似乎對我走玉真公主後門這件事耿耿於懷，並未與我一同參加那次科考，在我高中狀元之後，他就獨自一人回蒲州老家照顧母親去了。畢竟他比我年輕，還有機會。

然而，忘乎所以的我，還沒得意多久，就因一場樂舞表演讓仕途瞬間跌到了谷底。

這就是後來著名的「黃獅舞案」——所謂黃獅舞，是一種只有聖人在場才能表演的舞蹈。怎奈那天我不知為何，興許是讓酒渾了腦子，竟在眾人的慫恿下，私自讓手下的伶人跳黃獅舞以助酒興，結果遭人舉報，瞬間觸犯了天子逆鱗。

於是，荒誕的一幕發生了——昨夜歡歌，我還是樂府中少年得志的太樂丞，第二天醒來，就成了長安獄中待死的囚徒，境遇轉變之大，堪稱冰火兩重天。

最終，還是玉真公主向聖人說情，念我年少，醉酒魯莽，從輕發落，我才得以死裡逃生，改判貶去濟州[03]做司倉參軍，從事縣城駐軍倉庫管理員的工作。

經此一事，我被嚇得不輕，很久都沒緩過勁來，對於世事人情，也開始變得沉默寡言。

經此一事，玉真公主再也沒有主動找過我，我們成了兩個世界的人。

抑或，我們原本就是兩個世界的人。

迎娶崔瑛

開元九年（西元七二一年），秋末，我應母親之命，在去濟州赴任之前，先請假回蒲州老家逗留了半月。沒想到這次短暫的逗留，竟為我解決了一件人生大事。

按照母親的意思，我被貶濟州是走了霉運，需要為我沖喜。於是，在母親的安排

[03] 今山東菏澤一帶。

下，我迎娶了母親的一位遠房姪女，名喚崔瑛。崔瑛和母親一樣，都來自大名鼎鼎的「博陵崔氏」，這個家族與太原王氏同屬「五姓七望」，甚至還要更顯赫。

崔瑛比我小兩歲，剛滿十八，但是在大唐，這個年紀的姑娘已經可以出嫁了。她和我很像，總是沉默寡言，但是她純淨的眼神與淺淺的笑容，卻有著和玉真公主一樣的魔力，以至於我第一次見她時，就有一種微風吹過湖面的感覺，瞬間便忘記了官場中人心險惡的鬥爭與不快，重新獲得了某種樸實的慰藉。而這，也正是我答應母親娶她的原因。

就這樣，半月時光匆匆飛逝，新婚燕爾的夫妻生活才剛剛開始，轉眼就到了我離家赴任的日子。沒想到的是，崔瑛竟主動提出要與我同去濟州，但我以濟州路遠為由拒絕了她，而且此時又臨近冬日，我擔心她身體會吃不消，便囑咐她留在家中照顧母親即可。

誰知我不說還好，我一說，她更執意要跟我去了，還說什麼哪有夫妻剛結婚就分居，我一個人在外地讓她不放心之類的話，讓母親哭笑不得，只得讓我把她一同帶上。

我們走的那天，弟弟也和母親一起來為我們送行。弟弟說，他準備明年再去長安參加一次科考，如果再考不上的話，就安心留在蒲州長伴母親左右。我笑笑，拍拍他的肩膀，祝他好運。

上任濟州

濟州，因濟水而得名，這條發源於王屋山的河流，頗有著愚公移山的精神。大河自西向東，流域三隱三現，卻百折不撓，流經濟州時，還順道形成了方圓百里的鉅野之澤，頗為壯觀，之後又繼續東流，直至匯入茫茫無際的渤海之中。

我和崔瑛到達濟州時，已經是冬天了。那年的冬天似乎比往年要冷，連廣闊的鉅野澤上都結了厚厚的冰，這是十分罕見的現象——恰如我那時渺茫無望的仕途，身處完全陌生的地方，長安遠在千里之外，凍得生硬，寒得徹骨。

那時候，常有去往北地幽州[04]邊境的車馬從湖面上經過。據說是因為北方的契丹在與大唐的戰事中失利，主動與大唐修好，所以雙邊的貿易互市也日益頻繁起來。

上任濟州司倉參軍後，由於管理倉庫的事務實在太少，上司擔心我工作不飽和，便派我來鉅野澤邊駐守，主要是負責查驗往來的車馬與物資，倒也不能說有多清閒。

說到我的上司，他叫裴耀卿，是時任的濟州刺史，掌管著整個濟州的軍政大權。

裴耀卿也是河東人，和我家算是故交，身為盛產宰相的河東裴氏家族的一員，他後來也做到了宰相的高位。因為家庭關係，在濟州的那些日子，他待我還不錯，沒有過分地為難我這個戴罪被貶之人，相反，在工作之餘，他給了我很大的人身自由。

正因有了裴刺史的關照，我在濟州才不至於徹底絕望，甚至還有機會一覽齊魯各地的風光。那時，只要有空，我便會帶著崔瑛一起去山間走訪，與山民隱士為友，飲酒作詩，互訴衷腸。喝慣了新豐美酒，偶爾喝喝鄉親們自釀的農家臘酒，也別有一番滋味。

[04] 今北京及河北一帶。

契丹歸附

或許是從與大唐的互市中得到了好處，第二年的初夏，契丹首領鬱于便在各部的一致擁護下，親自帶著大隊車馬與貢品來長安朝見聖人。

鬱于表示，他謹代表契丹全體部眾，滿懷赤忱，唯願重新歸附大唐，並主動向聖人請求賜婚。聖人也欣然應允，不但把自己的外甥女燕郡公主嫁給了他，還封他做了松漠郡王，任松漠都督府[05]都督，統領契丹諸軍事，讓旁人羨慕不已。

倘若是在從前，將公主嫁給異族和親的所謂「懷柔政策」，總被看成是一種屈辱，以至於出現漢武帝耗費畢生精力，也要北擊匈奴，誓死蕩平邊境的事情。

但在大唐不是這樣。大唐的富饒與強盛，讓它擁有足夠的氣度與胸襟，視一切外族為手足兄弟，大唐的女兒不輸男兒，願意為大唐開疆拓土、達成天下一家的理想挺身而出。

從太宗時的文成公主到如今的燕郡公主，皆是如此。但不幸的是，鬱于回到契丹

[05] 今內蒙古赤峰及通遼一帶。

僅兩年就病死了。弟弟吐于繼承了他的官爵，並按照契丹的風俗迎娶了他的老婆，也就是燕郡公主為妻。

緊接著，又過了一年，即開元十三年（西元七二五年），吐于就在與權臣可突于的爭鬥中失勢，嚇得他連夜把首領之位讓給了從弟邵固，自己則跟著燕郡公主一起逃奔到了長安。

面對吐于的訴苦，聖人雖給予了耐心安撫，卻並沒有任何實質性行動，因為對他來說，眼下還有一件更為重要的事，至於其他的事，只要不觸犯底線，能緩則緩。

泰山封禪

這件事，就是泰山封禪。從秦始皇一統天下開始，泰山封禪就是歷代偉大君王的共同夢想。君王們透過在泰山之上舉行隆重的封禪大典，祭祀天地神靈，勒石紀德，告慰祖先，傳達帝國海晏河清的繁榮圖景，同時彰顯自身不世出的文治武功，祈求往後雨順風調、國泰民安。

自然，這也是聖人的夢想。聖人記得在他很小的時候，父親就曾經告訴過他，大唐上次也是僅有的一次泰山封禪，還是在他祖父高宗在位時的麟德二年（西元六六五年），正是在那時，大唐的疆域達到極盛，東抵大海，西跨波斯，堪稱前代所未有。如今距離「麟德封禪」已經過去了六十年。按照《易經》的說法，六十年一甲子，萬物又將開始新的輪迴。

於是，在開元十三年（西元七二五年）十月，面對亙古未有的繁華，在中書令，也就是新任宰相張說的主持下，經群臣一再上表，聖人終於同意，親率百官、貴戚及各國外賓首領，從東都洛陽出發，車馬儀仗，浩浩蕩蕩，隨行者數以萬計，奔泰山而來。

當封禪隊伍到達濟州時，我和裴刺史攜全城百姓出城迎接，並上貢了大量錢糧與祭祀用品，也正因此，聖人心情舒暢，竟讓我們也隨他一同前往泰山。

說來也巧，或許是出於對大唐的忌憚，聖人前腳剛到泰山，邵固後腳就在可突于的護送下跑到泰山朝賀，並就吐于出走之事主動向聖人請罪。

聖人也欣然赦免了他，並順水推舟，將吐于原來的官爵封給了他，同時改封不願回契丹的吐于為遼陽郡王，准許其與燕郡公主一同留在長安生活。

畢竟對於聖人來說，契丹誰做首領並沒有多大的區別，只要他們繼續承認大唐是天下共主，安心臣服於大唐的富足之下，大唐自可以包容的胸襟，讓他們共享盛世的果實。

否則，天兵壓境，亡國滅種，只在頃刻之間。

辭官回家

封禪大典僅持續了數日就匆匆結束了，聖人也在心滿意足後，率領眾人欣欣然返回了東都，只剩沿途州縣的官民來替他收拾留下的爛攤子。

封禪原本是一件彪炳史冊的好事，聖人甚至為此宣布大赦天下，就連我當年的冒犯之罪也因而得到赦免。但也是因為這次封禪，一來一去之間，沿途州縣的民力物力被大量徵用，致使地方空虛、民生疲敝，連我所在的濟州也未能倖免。

由於濟州倉庫中辛苦累積數年的錢糧被大典消耗一空，讓我一度面臨無事可做的尷尬局面，更糟的是那時裴刺史已經升遷去了別處，新來的上司又跟我合不來。

似乎是為了故意刁難我，新上司竟派我去做地方的徵糧工作，可是剛經過封禪大典的來回折騰，百姓家中哪裡還有什麼餘糧。良心不忍的我，無奈每次都空手而歸，新上司為此將我痛罵了一頓，這讓我感到沮喪，對公務逐漸失去興趣，意志也逐漸消沉。

我在想，這就是所謂的盛世嗎？未免也太過虛幻。

「摩詰，我們回家吧，官不做了。」崔瑛說道。

崔瑛似乎看出了我的悶悶不樂，常常主動拉著我來鉅野澤邊散心。那時已是春天了，耳畔鳥語飛回，眼前湖面波光粼粼，微風拂柳，陽光暖暖地灑在身上，讓我想起故鄉蒲州的美好。與其終日在此寄人籬下，為蠅頭小事煩心，還真不如回家做個閒散人開心自在。

「獨在異鄉為異客，每逢佳節倍思親。」崔瑛忽然唸起我十七歲時寫的詩來。

「好。」我看了看崔瑛那雙純淨如湖水的眼睛，默默點頭。我想，崔瑛是懂我的。

於是，在開元十四年（西元七二六年）的春天，我辭去了濟州司倉參軍的職務，終於無官一身輕，匆匆收拾行囊，駕著馬車，帶著崔瑛，一起回了蒲州與家人團聚。

那一年，我二十五歲。

隱居淇上

回蒲州不久後，在母親的建議下，我和崔瑛來到淇上，第一次過起了隱居生活。

母親身為一個清心寡欲的佛教徒，對於我的辭官，她雖覺有些可惜，但並未過多指責。在她看來，我只是太年輕，心性仍有些浮躁，還需再沉澱幾年，才能真正有所作為。

淇上，位於淇水之畔，地處河南與河東之間，無論是去東都洛陽，還是回蒲州都很方便，進可覽繁華，退可得寧靜，是再合適不過的隱居之所。

我們在這裡搭了自己的小房子，母親偶爾也會過來看我們，帶來我們可能需要的衣物和吃食。弟弟並未和她一起前來，因為此時他已經考上了進士，在長安做了侍御史。

淇上的生活，簡單又樸素。我每天禮佛、讀諸子、彈琴、畫畫、寫詩。屋外有溪水潺潺，竹林掩映，崔瑛在洗衣做飯之餘，也常與我對弈小酌，融洽且歡樂。

她是個好妻子，娶到她，是我莫大的福分。

常有附近的村民過來串門，他們憨厚的笑容，就像天邊晴朗的雲，讓人安心。時令好的時候，他們還會送我們一些粟米或新打的山雞，我無以為報，只能為他們彈琴，聊表感謝。對此，他們似乎也很高興，說我的琴聲聽起來很舒服，能讓他們卸下勞作的疲累。

也是在淇上，我認識了一個叫孟浩然的人——那時候，他已經四十歲了。不久前，他和我弟弟參加了同一屆的科考，很不幸的是，他落榜了。

於是，在我弟弟的介紹下，他離開長安後，就一個人跑來淇上找我訴苦。

這位比我大十二歲的老哥，是當世有名的隱者，我很早就聽說過他的名聲，對他筆下山水田園的生活也頗為向往，故而我們雖宗教信仰不同，卻依舊一見如故。

襄陽老孟

老孟的熱情與活力，是他這個年齡段的人裡所罕見的。初次見面，他就掏出從襄陽老家帶來的陳年好酒，邀我與他痛飲，而我也並未拒絕。

那時候，我們整日整夜地聊天，從魏晉玄學與陶潛的詩，一直聊到他前年在淮揚一帶漫遊的經歷，他還說他在江夏[06]認識了一個叫李白的人，與我同齡，特別能喝

[06] 今湖北武昌。

酒，有空介紹我們認識一下。這著實為我和崔瑛恬淡的隱居生活，增添了不少樂趣。

老孟還誇我悟性很好，勸我跟他一起去嵩山修道，我只是笑笑，並未應答。我打趣說：「修道之人，淡泊名利，為什麼還要參加科考？」

他苦笑了幾聲，說：「世人只言孟襄陽淡泊名利，是當代五柳，但他們怎知，五柳也曾有一顆報國安民的心。更何況我們生在大唐，不去做一番功業，未免有所缺憾。」

我問他：「還要繼續考嗎？」

他搖頭，說：「不了，考兩次都考不中，此乃天命，以後一心讀書種地便是。」

我說：「那之前的辛苦，豈不白費了？」

他又搖頭，說：「不，並未白費，至少證明我曾經為之努力過。」

就這樣，我和老孟大醉了一場，他的心情也似乎好了許多。醒來時已是隔天晌午了，崔瑛早已為我們準備好暖胃的湯，微風吹過竹林，沙沙作響。

「春眠不覺曉，處處聞啼鳥。」老孟在喝了一口熱湯後，望著窗外的淇水，神情有些傷感。

「怎麼了？」我問。

「我要走了。」他說。

「去嵩山，還是回襄陽？」

「回襄陽。」

「怎麼不多住幾日？」

「自前年出遊，已久未歸家，我想回去看看。」

面對我和崔瑛的一再挽留，老孟還是執意要走，我們便不再強求，只是叮囑他有空記得常寫信給我們，最好還能寄一些新作的詩來，他也一一答應。

但在臨行前，老孟忽然看著我直皺眉。

「又怎麼了？」我問。

「沒怎麼，我只是在為你憂心。」他說。

「憂心什麼?」我問。

「憂心你這麼年輕，不該留在此地，你應該回長安去。」他說。

道光禪師

開元十七年(西元七二九年)，弟弟升官了，去兵部做了員外郎。他在長安購置了新宅，並把母親接到長安和他一起居住——或許因為母親，又或許因為老孟臨行前的話，在弟弟的再三請求下，我和崔瑛也最終搬來了長安。

依母親的意思，我回長安後，並未急著立刻回歸仕途，而是去了大薦福寺，跟隨她的友人道光禪師研習佛家頓教，以此一邊繼續磨礪心性，一邊等待復起的時機。

大薦福寺，地處長安城中軸線朱雀大街的繁華地段，曾是前朝隋煬帝做晉王時的舊宅，同時也是本朝中宗登基前的住所，素有「潛龍舊宅」之稱。

道光禪師身為大薦福寺的住持，自然也非尋常僧侶，他是佛家禪宗北宗創始人神秀的再傳弟子。當年由神秀與南宗慧能兩人引出的禪宗辯論，名動天下，傳為一時佳話，如今的道光禪師也不遑多讓，在他的引導下，我對佛學的了解也變得越加深廣。

至於「頓教」，則是禪宗以參禪頓悟為主的一個流派。與上師善無畏創立的「密宗」主張密咒加持不同，禪宗更主張向內修行，乃至所謂「見性成佛」，心外無物。

頓教主修的典籍叫《維摩詰經》，相傳為天竺智者維摩詰所著。這位神祕的世外居士，雖有萬貫家財、奴婢成群，但仍勤於攻讀，虔誠修行，生前享盡人間富貴，且辯才無礙，與佛祖釋迦牟尼論道，亦不落下風。處相而不住相，是有名的在家菩薩。

在梵語裡，「維摩詰」是「無垢」的意思——彷彿命中注定一般，母親以此為我取的名字，就是希望我以維摩詰居士為榜樣，身處浮華世間，能不染塵埃，始終保持心靈的寧靜。

「禪師，你說究竟是風動，還是心動呢？」我問。

「風與心，皆動，皆不動，動靜半點不由人。」禪師答道。

契丹之變

總之，不管是風動，還是心動。在我跟隨道光禪師學佛的第二年，北方草原上的契丹又開始躁動了。

也是在那一年，在母親的一再催促下，崔瑛終於懷孕了——母親之所以不急著讓我回歸仕途，除了是想讓我跟隨道光禪師學佛外，抓緊時間為王家生育後代也是一個重要原因。

因為這個即將誕生的小生命，我們全家人都高興不已，最高興的當然還是母親。父親去世早，母親獨自一人拉扯我們兄弟倆長大，如今我做大哥的終於要有後了，她身上的擔子也算減輕了一半。於是，她心情大好，決定帶著全家人一起回蒲州為父親掃墓，以示告慰。

說到我的父親，我一直沒有介紹他，主要還是因為他去世的時候，我年紀實在太小，所以並未留下多少記憶。我只知道他叫王處廉，一樣是個聰穎早慧的人，很早便中了進士，做過汾州[07]司馬，也正因此，我們家才從太原祖宅搬到了離汾州更近的蒲州。

弟弟本來是打算和我們一起回去的，但是他剛準備出門，就被兵部送來的一紙文書攔住了——文書上說，契丹叛將可突于作亂，殺了首領邵固，另立屈烈為新首領，率領部眾集體背唐，並裹挾奚族等部落一起投降了突厥，讓他火速前往兵部商討對策。

如果說，可突于之前逼走吐于的事情，是因為還未觸及聖人的底線，故而聖人放了他一馬，那麼，他這一次大逆不道的舉動，算是徹底激怒了聖人——大唐天威豈容一再挑釁！於是，那一年六月，聖人召集群臣，緊急下詔，著命幽州長史兼節度使趙含章，統兵十五萬，氣勢洶洶，前往北方草原，誓要生擒可突于，再一舉除之而後快。

[07] 今山西臨汾一帶。

崔瑛之死

等我們從蒲州返回長安，已經是開元十九年（西元七三一年）。那時候，北方的戰事已初步告捷，趙含章大破契丹與奚族聯軍，俘獲甚眾，奚族首領更是率全族認罪請降，但是聖人對此並不滿意，因為可突于逃跑了。

為了徹底解決可突于，聖人決定繼續向幽州前線增兵。而此時，因為契丹已經投降了突厥，所以突厥也趁機介入，於是，雙方你來我往，戰事陷入僵持階段。

與戰事一樣僵持的，還有崔瑛——她肚子裡的孩子已經滿十月了，卻遲遲不見落地。

「等孩子生下來，你就回朝中繼續為官吧。」崔瑛躺在床上，笑著對我說道。

「妳也認為我應該繼續為官？」我問。

「我覺得孟夫子說得挺對的，你還年輕，應該去為大唐做點事情。」她說。

我記得那是一個陽光明媚的早晨，我和崔瑛說完了話，就像往常一樣獨自去了大薦福寺。臨行前，我還特地囑咐崔瑛要好好照顧身體，有什麼事情就及時讓下人通知我。

誰知臨近黃昏，當我還在佛前為崔瑛和即將降生的孩子祈福時，一個噩耗悄然而至——說是崔瑛下午在院中散步時，屋外突然吹來一陣暖風，她感覺到自己將要生產，結果不知為何，在生產過程中竟大量失血，目前情況萬分危急。

我急匆匆趕回家中，但緊趕慢趕，還是沒趕上見崔瑛最後一面。我看著躺在血泊中的崔瑛，和我還未出世就已夭亡的孩子，眼前忽然漆黑一片，昏倒在地。

諸行無常

「你醒了?」不知何時，道光禪師站在了我的床邊。

「我好像睡了很久。」我說。

「你睡了兩天兩夜了，總算醒了，可別再嚇我了。」母親雙眼通紅，見我醒來，她的神情才略微好轉，囑咐我跟禪師好好聊聊後，就帶著下人去廚房為我們準備飯菜了。

「崔瑛的事，你也不必過於悲傷，佛法有云『諸行無常』。」禪師說道。

「禪師，你說人世間的事，佛祖真的能聽到嗎？」我問。

「能。」他說。

「那為什麼我為崔瑛祈福，祂卻置若罔聞？」我問。

「不，祂並未罔聞，祂隨時都在注視聆聽著世間的種種，但就像我從前跟你說的，動靜皆有定數，有些事，是連佛祖也無法改變的。」他說。

或許是為了我身心能盡快好轉，後來，道光禪師帶著我去了長安郊外的藍田。

那是埋葬崔瑛的地方——這個十八歲就嫁給我的姑娘，陪我走過了最混沌的十年。如果沒有她，我根本就無法捱過濟州寒冬的冰雪；如果沒有她，我或許早已在黃獅舞的打擊中一蹶不振。然而，她竟如此匆匆離我而去，她還那樣年輕，甚至還沒來得及做母親。

「你還是回朝中去吧。」禪師打斷了我的沉思。
「怎麼，你也贊成我回去？」我問。
「做些實事，也許能分散一下你的注意力，就沒那麼痛苦了。」禪師說道。
「那修行怎麼辦？」我問。
「你是維摩詰，在家菩薩，不去寺廟，一樣可以修行。」他說。
於是，順著禪師手指的方向，我第一次遇見了輞川，那些從畫中走出的山壑林泉，瞬間將我吸引，以至於我後半生都對它念念不忘。

謁張九齡

大唐與契丹的戰事，斷斷續續，又打了三年多。由於趙含章遲遲未能完成任務，最終被更為幹練的張守珪接替。這個張守珪是大唐當世之名將，曾在西域多次擊敗突厥和吐蕃，威震諸夷，對於他的出征，眾人滿懷期待。

至於我，在道光禪師與家人一再勸慰下，也漸漸走出了崔瑛離世的陰影，並決定重新返回仕途。然而當官並非兒戲，不是能說走就走，說來就來的。

此時，距離我從濟州辭官已經過去了八年光陰，朝中局勢變化甚多，昔日舊友岐王與中書令張說皆已病故。而在經歷黃獅舞後，我與玉真公主也早已失去聯繫，弟弟又暫時還人微言輕，幫不上什麼忙，讓我一時竟不知從何處著手。

直到我從老上司裴耀卿口中得知，張九齡當了新任中書令，情況才迎來轉機。

張九齡，那個寫出「**海上生明月，天涯共此時**」的張九齡，可以說是除玉真公主外，我人生中最大的貴人。十七歲時，我初到長安，詩名不顯，正是在他的讚揚下，我因一首〈九月九日憶山東兄弟〉，被京城貴胄們爭相傳唱，奉為座上賓。

當我與張九齡再次相見，已經是在洛陽了。那時，由於長安地區發生了嚴重的洪澇災害，導致農作物受損，聖人為了減輕長安百姓的糧食負擔，同時也為了更好地掌控契丹前線的戰事，特地把辦公地點搬來了洛陽，由此也足以證明他平定契丹決心之篤定。

張九齡還是像我第一次見他時那樣熱情，急著要看我最近新寫的詩，並誇我創作造詣又精進不少。聽說我想回朝中為官，他更是高興不已，說大唐現在正是用人之際，答應一定為我引薦。但同時，他也告誡我，不可再像從前那般莽撞任性了。

對此，我唯有感激。

洛陽獻捷

於是，在第二年，即開元二十三年（西元七三五年）初，經中書令張九齡的極力引薦，聖人或許是想起我曾經和他一起演奏音樂的美好時光，居然不計前嫌，讓我重新回到了朝中。

這次回來，我被任以右拾遺的職務，一個從八品的言官，比當初太樂丞的品級微高一點，且不再只是供宮廷娛樂的閒職，而是開始有機會直接參與政事。

也是在那一年，北方再次傳來了好消息。幽州長史兼御史中丞張守珪，大破契丹，他親自帶著可突于和契丹首領屈烈的人頭，來洛陽向聖人獻捷。至此，持續數年的契丹之亂，終於迎來了最重大的一次勝利。

聖人聞之大喜，下令東都臣民歡聚暢飲，並親自寫詩表揚張守珪，加封他為輔國大將軍、南陽郡公，兼領幽州節度使，還在幽州為他樹碑記功。

也是在那一次，我第一次見到比我小兩歲的粟特人安祿山，他身型魁梧，筆直地站在張守珪的身後，臉龐被濃密的落腮鬍包裹，神情看起來十分平靜。

據說，安祿山是遼東營州[08]人，祖上來自西域，精通多族語言，早年是在邊境上幫商人做買賣的牙郎，後因契丹在邊境作亂，他被迫失業，飢腸轆轆之下，鋌而走險，跑到張守珪的營地偷羊，被張守珪活捉。張見他機智勇猛，不忍殺之，便充作軍用。

再後來，安祿山因作戰驍勇，屢立戰功，很得張守珪的賞識，被其收為義子。此次，他也因功獲封平盧兵馬使——平盧即幽州北部及遼東一帶，治所就在他的老家

[08] 今遼寧一帶。

營州。

一番封賞後，張守珪和安祿山就帶著報捷的隊伍，重新返回了北方駐守。他們表示，可突于雖已被剿滅，但他的殘餘勢力仍藏匿在草原深處，絕不可放鬆警惕。

上師圓寂

開元二十三年（西元七三五年）的冬天，也就是契丹之亂平息半年之後，上師善無畏在洛陽大聖善寺圓寂了，享年九十九歲，共計為僧八十載。

聖人聞之慟哭，親率群臣參加了上師的追悼大會。出殯那天，山河為之變色，洛陽全城百姓傾城而出，人們自發一路護送上師的靈柩，至洛陽郊外的龍門西山安葬。為上師祈福的蓮燈漂滿了寬闊的伊水，也漂過了盧舍那大佛那張凝視眾生的平靜面龐。

我看著伊水兩岸為上師送行的人群，忽想起開元四年（西元七一六年）。那年，上師和我幾乎同時來到長安，此後他在大唐生活了十九年，再也沒有回過故鄉天竺。在他生前，聖人為其在洛陽興建大聖善寺，供其翻譯《大日經》、開壇講法，引得洛陽富豪爭相布施；在他死後，弟子信眾遍及大唐，更是遠達新羅與扶桑，已然成為一代大德。

上師品性恬淡，生前很少與塵世之人來往，而我是個例外。儘管我身為禪宗信徒，與上師所持密宗有所區別，但好在我二人都喜歡安靜，故也曾有過短暫的交流。

「當初是什麼吸引您來大唐的？」我問。

「信仰。」上師答。

「那您覺得大唐的信仰，究竟是什麼？」我又問。

「自在。」他說。

上師的回答總是那樣的簡潔而有力，與其說那是大唐的信仰，不如說那是「佛」的信仰。我想這從他十九歲時平定了兄長的叛亂，卻以莫大的胸懷主動把王位禪讓給兄長的那一刻起，他就已經明白——唯大我，方得大自在。

我還記得，我們最後一次見面，是在一個風雨初歇的傍晚，洛陽城的上空忽然出現了一道絢爛的彩虹，幾乎籠罩了整個城市，我和上師一同抬頭望天，看著那道彩虹出神。

我想，這麼美的景象，大概就是所謂的信仰吧。

罷相風波

或許是洛陽的風景太好，直到開元二十四年（西元七三六年）的冬末，聖人才戀戀不捨地帶領群臣返回已經恢復生機的長安，而我自然也在隨行之列。

也是在那一年，中書令張九齡由於人事任命問題，與聖人產生了強烈分歧，最終惹怒了聖人，被罷黜了相位，貶到荊州做大都督府長史，就此退出了帝國的權力中樞。

事情經過是這樣的：聖人回到長安後，一直對張守珪念念不忘，覺得他大破契丹，壯我大唐天威，是個人才，就想把他調到中央做門下省侍中，也就是宰相——大唐實行「群相制」，三省長官及身兼「中書門下平章事」、「中書門下三品」等官銜的都是宰相。

開元年間的大唐，從早期的郭元振、姚崇、宋璟，到後來的張說、張九齡，先後出現多位治世賢相，正是在這些人的輔佐下，聖人才得以締造大唐史無前例的盛世。

「張守珪雖有功，但終是一介武夫，加官晉爵可以，入朝為相，恐難勝任。」對於聖人的想法，中書令張九齡表示強烈反對——在所有宰相中，中書令的職權是最大的。

張九齡的反對，讓聖人很是不悅，聖人隨即找到另一位宰相，即禮部尚書兼中書門下三品李林甫商議。結果李林甫不但對聖人的想法大加贊成，還對張九齡冒犯聖意的行為大加貶斥。由此，聖人開始考慮罷黜張九齡的事宜。

雖然因為契丹殘部叛亂復起，張守珪忙於平叛，最終還是沒能入朝為相，但聖人與張九齡的矛盾並未因此結束——沒過多久，經由張九齡舉薦的監察御史周子諒，因寫詩諷刺聖人欲用武人為相，幾乎被聖人當庭打死，張九齡也因其牽連獲罪，慘遭貶黜。

一同被貶的還有裴耀卿，他是時任的門下侍中，也是宰相之一。因為替張九齡求情，他也得罪了聖人，氣得他直接辭官，告老還鄉，從此再也不問政事。

而接替張九齡的人，自然就是李林甫了。

連殺三子

據說李林甫是皇室遠親，早年靠著宗親關係入仕，並非科舉出身，也沒什麼學識，一直不受士人階層的待見。但他強在會揣測上意，且善於迎合，很得聖人的喜愛。

張九齡和裴耀卿的相繼退出，使得李林甫在朝中再無敵手。之後他霸占相位十餘年，為大唐後來的發展帶來不可挽回的影響——比如在他上任中書令的第二年，即開元二十五年（西元七三七年），一樁皇室慘劇的發生就讓整個朝堂為之震驚。

那年，則天皇后的姪孫女武惠妃深得聖人的寵幸，為了擁立自己的兒子壽王李瑁為太子，她與李林甫合謀，構陷太子李瑛、鄂王李瑤、光王李琚三人結黨營私，蓄意謀反。沒想到聖人聞之大怒，竟下令將三位皇子全部廢為庶人，並在當天夜裡一同處死了。

對於聖人在尚未查明真相的情況下，就一連殺了自己三個親生兒子的舉動，人們至今說法不一。有的說是因為之前的幾次皇族內鬥，在聖人內心留下太過深刻的陰影，以至於讓他對自己的血親都難以信任；也有的說，連殺三子其實是一種警告，警告天下有不臣之心的人，他才是大唐唯一且至高無上的存在，容不得任何人冒犯，哪怕是親生兒子也不行。

當然，還有一種說法，說是聖人老了，已經不像從前般精明強幹，開始昏聵怠政了。

總之，不論是哪一種說法，此事對於皇家，乃至對於大唐都是一個悲劇。更悲劇的是武惠妃，她本意只是想扶自己兒子上位，誰曾想聖人竟如此狠心，直接一連賜死了三位親生骨肉。或許是出於對三位皇子枉死的愧疚，在那一年的冬天，她也抱病離世了。之後，聖人又重新立了一位太子，但並非壽王李瑁，而是忠王李亨。

至於李林甫，經此一事後，變得更加囂張。為進一步鞏固自己的權位，他向聖人大進讒言，對朝臣展開大清洗運動，當初經由張九齡舉薦的人均被遣出了長安，其中也包括我。

出使河西

三十六歲那年，剛回朝沒多久的我被「調離」了長安，前往大西北的涼州。

那一年，涼州都督兼河西節度使崔希逸在青海大破吐蕃，朝廷命我以監察御史的身分，出塞宣慰三軍，同時留我在河西幕府中充任判官一職，負責主理軍中文書事務。

河西，就是後世的河西走廊，也是大唐節度使制度的起點——睿宗在位時，為了阻隔突厥和吐蕃的聯合進攻，臨時在河西任命了第一位節度使賀拔延嗣，統轄涼州、甘州、肅州、瓜州、沙州、伊州、西州等多地軍政，享募兵及殺伐大權，外任之重莫比焉。

崔希逸身為賀拔延嗣的後任者，在他任內，大唐與吐蕃重修舊好，突厥也多次遣使求和，西北邊境進入新的穩定期。涉及絲綢、瓷器、茶葉、香料、珠寶等諸多貨物的商路也因而重啟，車馬駝隊，穿梭期間，熙攘往來，絡繹不絕，呈現出一派欣欣向榮的景象。

此外，崔希逸還是我母親的同鄉，因為這一層關係，他和當初的裴耀卿一樣，對我很是照顧。每次出巡，他都帶著我，我也得以一覽西北大漠風光，甚至是深入西域內陸，親身感受異域的風土與人情，以及我大唐在西北軍陣的強悍與威儀。

正因如此，在那段日子裡，我寫出了不少好詩，包括那句著名的「**大漠孤煙直，長河落日圓**」也是在那個時候寫的——畢竟在那時，誰也不會想到後來的大唐會發生什麼。

遺憾的是，美好的時光總是短暫的，當我正準備跟著崔希逸在大西北大展身手的時候，他就因受李林甫的讒妒，被朝廷調去了河南，不久便在河南尹的任上去世了。

關於崔希逸的生平，史書雖無過多記載，但在民間卻有著關於他的傳說，說他死後去了地府，也做了判官，即大名鼎鼎的崔判官，專斷人間冤假錯案。

這也從另一角度表明，在百姓心中，他是一個讓人懷念的好官。

哭孟浩然

一晃，又過了三年，即開元二十八年（西元七四〇年）。這一年，張九齡和張守珪兩位開元盛世的重要功勳相繼離世，聖人為此悲痛不已，宣布罷朝三日。

張九齡對我有知遇之恩，他的離世對我來說，同樣很難過。但禍兮福所倚，或許正是因為他的離世，讓聖人想起他過去的好，又或許是出於對他被貶的補償，當年經由他舉薦的部分官員，在這一年被重新召回了長安，而我也在召回之列。

重回長安後，我被升任為殿中侍御史，並在那一年的冬末，赴南方考察公務，廣泛遊歷了襄陽、郢州、夏口及嶺南各地——其中，嶺南便是張九齡的故鄉，他當初因為染病回家探親，結果病逝於家中，也算是落葉歸根，死得其所。

而等我抵達襄陽，已經是第二年的初春。到了襄陽，我當然要順道去拜訪一下老孟。自上次淇水邊一別，已經過去了十年。這十年間，他除了偶爾外出漫遊，就一直像他曾說的那樣，待在襄陽老家鹿門山讀書種地。我們雖很少見面，但時常能收到他寄給我的信，以及隨信而來的新詩。

我也常回信給他，談論自己的近況，面對我對生活的抱怨，他總是予以耐心的安慰，得知我重回仕途，他也激勵與肯定了我。他既是我的老師，也是我的知己。

然而，當我興高采烈地來到老孟家，準備找他開懷痛飲一場時，他的家人卻迎頭把我痛罵了一頓。為此我一臉困惑，直到鄰居告訴我，老孟在幾個月前就去世了，而他去世的原因，正與喝酒有關——據說幾個月前有一個叫王昌齡的人，來襄陽找他喝酒暢談，他熱情招待，結果一頓胡吃海喝，導致背疾發作，大病不起，不久便溘然長逝。

我不知道這個王昌齡，跟老孟有什麼交情，但是老孟的離世，著實讓我悲痛不已。望著滔滔東流的漢水，想起他曾經對我的勸勉與鼓勵，我忍不住在他的墳前哭了很久。

天寶元年

再後來，也就是我從南方考察回來的第二年（西元七四二年），長安城的上空再次出現彗星劃過，關中一帶的農田也迎來罕見的豐收，儼然一副盛世降臨的預兆。

為此，在位已經三十年的聖人欣喜不已，覺得這是上天在庇佑大唐，便決定將年號由「開元」改成「天寶」，這個詞來自我朝高宗時早逝的詩人王勃，取「物華天寶」之意。

至於我，在這一年轉任門下省左補闕，一個從七品的閒職——身為一個已經四十一歲的中年幹部，在目睹了李林甫的獨斷專權後，我已然漸生隱退之心。

也是這一年，在聖人的身邊又出現了一個新的女人，她叫楊玉環，是蜀州[09]司戶楊玄琰的女兒，同時也是壽王李瑁的前妻，也就是聖人與死去的武惠妃的前兒媳——這個能歌善舞的四川姑娘也許不會知道，她將用短暫的後半生，讓整個大唐為之傾倒。

那時，在大唐的北方，安祿山已經接替了他的義父張守珪，全權負責防範契丹的工作。同時他還被提拔為平盧節度使，與投靠他的好兄弟史思明一起統轄重兵，鎮守幽燕之地。

提到幽州，因為聖人在這一年下令全國州縣改稱郡縣，所以它有了個新的名字叫范陽。

同樣，還是在這一年，我第一次見到了老孟曾向我提起的李白。李白剛到長安，就在玉真公主、賀知章及一眾修仙道友的大力吹捧下，得到了聖人的親自接見，很快

[09] 今四川崇州一帶。

就進了翰林院，成為了所謂的「翰林供奉」。其實這也算不上什麼官職，就是陪在聖人身邊寫詩逗樂的。

此外，由於李白久處內廷，且為人豪放，而我又不喜熱鬧，常獨自在家中禮佛，致使我們雖同在一朝，低頭不見抬頭見，卻幾乎沒有什麼深入往來。

狂徒李白

或許是因為老孟的緣故，我其實一直挺想會會李白。但他整日不是流連在胡姬酒肆，就是陪在聖人身邊觀舞作詩，很少有閒下來的時候，讓我始終無法找到合適的時機。

更遺憾的是，還沒來得及等到我找他見面，他就被聖人賜金放還，匆匆請離了長安，說得好聽點是「請離」，其實就是給他一筆錢，讓他該幹嘛幹嘛去。

這種來也匆匆去也匆匆的作風，倒也頗合李白的性格。至於李白來長安不到三年就被賜金放還，坊間說法不一。最主流的一種說法是，他在華清池的酒宴上喝多了，竟當眾讓聖人的寵臣高力士為他脫靴，搞得高力士下不來臺。結果高力士懷恨在心，參了他一本，說他不懂禮法，以下犯上，應嚴加懲處，以儆效尤。

不過說實話，李白不懂禮法這事，也不能完全怪李白。因為他雖和貴妃一樣長於蜀地，但是據說他出生在西域，五歲前都跟著父親在西域生活，身上難免會沾染一些胡人習性，不喜拘束，待人接物也比中原人更率直。

好在聖人憐憫他的詩才，也不想破壞自己愛惜人才的形象，並沒有過重處罰他，只是給了他一筆錢，打發他出宮，任由他自己繼續閒散自在去了。

李白就這麼走了。此後的長安城裡，到處都是關於他不畏權貴的傳說——但仔細一想，這一幕與我二十三年前因黃獅舞被貶的那一幕，又是何等相像。

不同的是，李白比我灑脫。離開長安之後，他拿著聖人給他的錢，繼續呼朋喚友，遍訪名山大川，詩名也因之迅速傳遍了大唐。而在長安與聖人共處的那段短暫歲月，成為他人生中的巔峰時刻，被他在往後的日子裡反覆向人提起。

輞川別業

天寶三載（西元七四四年），即李白離開長安那年，弟弟被調往河南做地方官，而我為了遠離長安城內的喧囂，同時也為了更方便母親念佛，又一次來到輞川。

經好友崔興宗的介紹，我買下了已故詩人宋之問的藍田山莊。一番修葺擴建之後，營造初見規模，我便帶著母親一起住了進去，正式開始了半官半隱的新生活。

此時，道光禪師已然圓寂了，是我親自為他撰寫的舍利塔碑文。這次搬來輞川，我也特意在佛堂為他畫了掛像，每日誦經，焚香供奉，以感謝在他座下受教十年的恩情。

至於崔瑛，距她去世已有十三年。自她去世後，我沒有再娶。期間，也曾有不少友人要為我介紹良媒，但是都被我婉言謝絕，一來是我並未忘記崔瑛，二來是我對佛學的興趣越發濃厚，塵世的男女之愛，對我來說已然變得可有可無。

所謂：「行到水窮處，坐看雲起時。」之後的日子，我把生活的重心都搬到了輞川，打算以陶潛為榜樣，在此構築當代之桃源——輞川二十景，依山而建，起伏變幻，從文杏館到白石灘，景景不同，相互映襯。

閒暇時，我常獨自在輞川山澗中行走，看錯落有致的山，聽自然而然的水。

我喜歡觀察輞川的天氣，晴朗時，天藍得像我曾在嶺南看過的海；陰霾時，轉瞬便是電閃雷鳴。漸漸地，我熟悉了輞川的一草一木，它們安靜又美好，我渴望把它們畫進我的畫裡，永遠留在我的紙頁上，但總是畫不滿意，直到我遇見了裴迪。

秀才裴迪

第一次見到裴迪時，他還很年輕，比我小十五歲，是新晉的秀才。

在大唐，「秀才」可不是一般人能當的——大唐科舉分明經科、進士科、秀才科，坊間有「三十老明經，五十少進士」的說法，我二十歲考中進士，狀元及第，被時人稱為天才。這個裴迪更了不得，他考中的是三科中最難的秀才科，不僅要考詩賦文章與經史子集，還要考政論時策，無數讀書人因之望而卻步，他能考上，絕對堪稱人中翹楚。

裴迪和年輕時的我很像，他出生河東裴氏，自小長於富貴之家，又早早考中了秀才，卻一直不願入仕做官，獨自跑到輞川來隱居。他說他的偶像是東晉的陶淵明和本朝的孟浩然，如今兩人都已作古，而我是孟浩然生前最好的朋友，聽說我來了輞川，故而登門拜訪。

這個年輕人的突然造訪，讓我想起我與老孟在淇上初次相逢的情景，也正因此，對於他的不請自來，我並不排斥，反而在竹里館[10]熱情地招待了他。在日漸熟絡之後，我便經常邀裴迪與我結伴同遊輞川的山山水水。李龜年和崔興宗等昔日舊友偶爾也會到我的別業參觀，閒暇時，我們彈琴唱曲，悠遊歲月，生活平淡而充實。那段日子，我和裴迪一起寫過很多詩歌，給予了彼此很多靈感。

我吟：「世事浮雲何足問，不如高臥且加餐。」他和：「聞說桃源好迷客，不如高臥眄庭柯。」而他，也成了在老孟與道光禪師相繼去世之後，我最好的朋友。

[10] 王維輞川別業勝景之一。

名將遭貶

「你這麼年輕，又是秀才，怎麼不去朝中謀個差事？」我好奇地問裴迪。

「那你現在半官半隱，又是為何？」他笑了笑，反問道。

在裴迪看來，他和我的心境是類似的，那就是我們雖都已洞悉朝中局勢的隱憂，但奈何人微言輕，根本無力改變——此時，中書令李林甫已改稱右相，是名副其實的一人之下，萬人之上，總攬朝中一切大小事務，自上任以來，他不斷蒙蔽聖聽、排斥異己，致使朝堂上多是溜鬚拍馬、趨炎附勢之徒，真正想要有所作為的正直之士幾乎絕跡。

其中，最為轟動的事件發生在天寶六載（西元七四七年）。那一年，我的同鄉，一代名將王忠嗣，因在西北大破吐谷渾，被聖人封為金紫光祿大夫，同時身兼河西、隴右、朔方、河東四鎮節度使，控制萬里，諸多勁兵重鎮皆歸其統轄，堪稱大唐邊將之最。

然而，心胸狹窄的李林甫，卻因嫉妒王忠嗣的軍功太盛，唆使其黨羽誣告王忠嗣與太子李亨過從密切，有圖謀扶立之心。毫無疑問，這犯了聖人的大忌。

聖人聞之，怒不可遏，本想將王忠嗣處死，但王忠嗣的部下哥舒翰、郭子儀、李光弼等人紛紛上表為他求情，並表示願意以自己的官職來為他贖罪，聖人這才從輕發落，貶他去地方做太守。可是沒多久，他就暴死在了太守任上。

關於王忠嗣的「暴死」，坊間說法不一。有說他是含冤鬱悶死的，也有說是被李林甫派人暗中下毒害死的，但不管是哪一種死法，他的離世讓另一位邊關大將從此失去了一個有力的制衡者，變得更加驕橫跋扈。這個人就是安祿山，此時他已身兼范陽、平盧兩鎮節度使。

赤膽忠心

說到安祿山，他能從當初那個因偷羊被抓的落魄胡人，搖身一變成為大唐手握重兵的藩鎮節度使，除了要感謝他已故的義父張守珪外，最該感謝的人或許就是李林甫。

在李林甫看來，相比久居中原的漢人，胡人不但更熟悉邊疆情勢、作戰驍勇，心性也更純樸憨厚，平時餵馬放羊，有吃有喝就滿足了，不會有什麼擁兵謀反的心思。此外，更重要的是這些胡人在朝中大多沒什麼根基背景，不會對他右相的權位構成威脅，他相信只要給予他們足夠的封賞，自可保大唐邊境無憂。

於是，在李林甫「以胡制胡」的建議下，包括安祿山和他的好兄弟史思明在內，一大批胡人將領被提拔起來。特別是在漢人將領王忠嗣事件之後，胡人將領鎮守邊關逐漸成為常態。

起初，正是在李林甫的引薦下，安祿山才得以真正接近聖人和貴妃。為了迎合聖人好大喜功的性格，每次來長安覲見，他都會帶著大量所謂「戰俘」，以及奇珍異獸討聖人的歡心。而他憨厚質樸的外表也深得貴妃的喜愛，他也看準時機讓貴妃收他做了義子。

就這樣，喜歡當人乾兒子的安祿山成了朝中新貴，時常出入各種宮廷宴會之間。記得有一次，聖人在太液池邊為貴妃慶生，大宴群臣，王公貴冑、外國賓朋悉數到場，我也有幸奉詔列席，與李龜年一起為眾人賦詩作曲。

好巧不巧，安祿山也來了。

那是我第二次見到安祿山，或許是因為已經過上了養尊處優的生活，和九年前洛陽獻捷時相比，他的身形已經完全走樣了，圓滾滾的肚子幾乎垂到了膝蓋。只見幾杯酒下肚後，他忽然挺著大肚子走到宴會中央，要為聖人和貴妃獻舞，逗得聖人和貴妃哈哈大笑。

聖人問：「你這麼大的肚子，裡面裝的都是什麼啊？」

他機智對答：「無他，都是對父皇和母后的赤膽忠心。」

聖人聽後，深感欣慰，又對他大加封賞了一番。

孝治天下

太液池歸來半年之後，即天寶九載（西元七五〇年）的春天，母親在輞川去世了，正好七十歲——她一生信佛，走得很安詳，如同進入夢鄉的菩薩。

遵照母親的遺願，我把她葬在了崔瑛的旁邊——她說我們虧欠了崔瑛太多，當初是她把崔瑛領進門，現在是她補償的時候了。我猜她們在泉下相聚，一定會很高興吧。

至於我，為了回應聖人「以孝治天下」的號召，相約與弟弟一起停職離朝，屏居在輞川，並拒絕了一切來訪，每日禮佛誦經，為母親守孝了兩年。

也是在這期間，不知道安祿山究竟說了什麼花言巧語，竟在天寶十載（西元七五一年）的正月初一，即他四十八歲生日那天，讓聖人把河東節度使的位子賞給了他。

就這樣，他一下子掌控了范陽、平盧、河東三鎮兵馬。此外，聖人還加封他為東平郡王，他的長子安慶宗和次子安慶緒也都被封官。聖人甚至把太子的女兒榮義郡主嫁給了安慶宗，讓安祿山受盡了寵溺，這個貴妃娘娘的好義子，權勢達到了鼎盛。

聖人這麼做的目的，本來是想籠絡邊將，維持大唐邊境的和平穩定，但他錯就錯在完全低估了安祿山的野心。其實不只是聖人，朝中包括李林甫在內的很多人都低估了他。

待守孝期滿後，我和弟弟也重新回到朝中，或許是被我們的孝心打動，又或許是想樹立「以孝治天下」的典範，聖人竟把我們兄弟倆同時升官。

我被升為吏部郎中，負責文官品級考核工作，弟弟則調去了河東老家，成了太原少尹——太原是大唐北都，也是皇室龍興之地，可見朝廷對他的器重。

「安祿山權欲太盛，很可能會帶給大唐大麻煩。」赴任前，弟弟對我如是說道。

將相之爭

同樣是天寶十載（西元七五一年），大唐在與南詔的戰爭中慘敗，六萬唐軍殞命西南。而貴妃的堂兄楊國忠身為這次戰爭的實際主導者，不但未因戰敗受罰，反而得到了高升。

群臣對此不言自明，這一切都是聖人寵愛貴妃的緣故——經此一役，楊國忠官至御史中丞兼劍南節度使，全權負責平定南詔的工作，其在朝中的權勢僅次於右相李林甫。

至於李林甫，此時早已在家中臥病多日，根本無力料理朝政，不出一年就病死了。

李林甫一死，楊國忠便被拜為新右相。他為了盡快鏟除李林甫在朝中的殘存勢力，培植自己的黨羽，竟與安祿山裡應外合，一起向聖人誣告李林甫曾與邊關叛將私通謀反。

結果，還沒來得及下葬的李林甫，直接被聖人下旨劈開了棺材。可憐一代權相專政近二十載，最終卻落得個削爵抄家的下場，諸子及門人皆慘遭貶謫與流放。

安祿山之所以積極配合楊國忠，其實是有條件的，那就是楊國忠答應他，事成之後會向聖人舉薦他為左相——由於李林甫當權時，為人老奸巨猾，對安祿山的一舉一動都瞭如指掌，致使安祿山無論是招兵買馬，還是擴充地盤，皆受其制約，搞得安祿山頗為苦悶。所以，能入朝為相，掌控帝國中樞，不再受制於人，就成了安祿山的一大夙願。

但理想很豐滿，現實很骨感。喜歡騙人的安祿山，萬萬沒想到自己居然會被楊國忠給騙了。李林甫餘黨被剷除後，楊國忠在朝中再無威脅，安祿山也就失去了利用價值。

「說好的舉薦我為左相呢？」安祿山問。

「你一個胡人，大字不識，當什麼左相，老實鎮守邊關不好嗎？」楊國忠答。

是的，楊國忠雖然沒有李林甫聰明，但安祿山肚裡的那點野心，他還是能看出來的，他替安祿山狠狠上了一課，這一課讓安祿山很受傷。

安祿山終於明白，盡管他是聖人和貴妃的義子，但在這些皇親國戚的眼中，他依舊只是一個不知禮節、不識大字的胡人——既然做不成宰相，那乾脆就大膽再進一步。

他將用實際行動告訴楊國忠：「姓楊的，你把路走窄了！」

范陽起兵

倘若說李林甫在世時，安祿山還有所顧忌，那麼現在，他已不再有任何畏懼。

那是在天寶十四載（西元七五五年）的冬天，大唐與南詔的戰爭終於勉強收場，大唐以先後十幾萬人的傷亡為代價，贏得了得不償失的「勝利」，事後，南詔就徹底投靠了吐蕃。

也是在這一年，我升任門下省給事中，負責朝中詔敕及百官奏章的審批工作。眼見西南戰事初定，本該普天同慶，我和同事們卻收到了一堆北方州府舉報安祿山謀反的奏章。我們如實把情況稟報給了聖人，但是聖人不以為意，他似乎對這個乾兒子充滿了信任。

直到有一天，連太原少尹，也就是我的弟弟王縉，也送來了加急奏章——他在奏章中表示，安祿山叛軍已連克數城，北都太原岌岌可危，請朝廷火速派兵增援。

這讓我們意識到了問題的嚴重性，急忙又把奏章呈給了聖人，並催促他早做行動。誰知聖人看罷，只是依舊像往常一樣派使臣去前線探聽虛實，就不了了之。至於使臣，也像往常一樣早已被安祿山收買，對謀反之事隻字不提。

是的，經過兩年精心的籌劃與準備，「大孝子」安祿山騙過了所有人，帶著滿腔的怨恨，以「奉密詔討伐楊國忠」的名義，與他的好兄弟史思明一起在范陽起兵了。

此次跟隨安祿山起兵的部隊，除了駐守北方三鎮的唐軍，還有契丹、室韋、庫莫奚族等投降大唐的胡人番兵，號稱二十萬人，浩浩蕩蕩，從范陽南下，直奔中原而來。

當時的中原，承平日久，已經四十多年沒有發生過戰事了，軍隊松弛，面對安祿山的突然發難，各地州府長官都驚恐不已，不是棄城逃跑，就是兵敗被擒，甚至有直接開城投降的。面對不堪一擊的防線，叛軍一路勢如破竹，很快就占領了河北全境。

隨著城池不斷淪陷，都快打到洛陽了，聖人這才從夢中驚醒。他終於相信安祿山造反的事情是真的，為此，他一怒之下殺了安祿山留在長安的長子安慶宗全家，包括他自己的孫女榮義郡主也未能倖免。

同時，他緊急下詔，命正在長安述職的安西[11]大都護封常清，兼任范陽、平盧節度使，火速率軍防守洛陽。

偽燕皇帝

封常清接到詔命後，不敢耽擱片刻，快馬從長安奔赴洛陽。抵達洛陽後，封常清就火速與已被任命為征東副元帥的老上司高仙芝會合——在大唐，統兵元帥多為皇子親王名義上擔任，副元帥負責實際指揮與平叛。

由於安西都護府邊軍任務重大，不敢輕易調離，封常清與高仙芝只得在長安洛陽兩地臨時募兵。這些臨時招募的軍隊雖也達到了十萬餘眾，但多是市井無賴之徒，且軍紀渙散，根本無法與安祿山訓練有素的精銳邊軍相比，不到一個月，洛陽就失陷了。

[11] 今新疆及中亞一帶。

之後，封常清與高仙芝退守潼關。根據他們多年的作戰經驗，叛軍氣勢洶洶，有備而來，我方軍隊卻屬臨時拼湊，戰力上沒有任何優勢，目前唯有依託潼關險要地形堅守，待西北各路邊軍集結完畢，再率大軍，一舉出擊，則安祿山必死無疑。

然而，已經被安祿山惹得怒火中燒的聖人，哪裡聽得進這些話，他只看到了高仙芝和封常清二人丟失洛陽，並在安祿山的攻勢下，節節敗退，怯敵畏戰，使他顏面盡失。

加之從前線回來的宦官監軍邊令城，因向封常清與高仙芝索賄不成，懷恨在心，竟向聖人大進讒言，說二人貪生畏死，有通敵之嫌。此言一出，驕傲自負的聖人豈肯饒恕，就像當初連殺三子一樣，一道詔令傳到潼關，封、高二人就因「失律喪師」之罪被一同處斬了。

由此，大唐在一日之內，痛失兩員大將。至於安祿山，在攻入洛陽不久後，即天寶十五載（西元七五六年）正月初一，他五十三歲生日那天正式僭位，自稱大燕皇帝，年號「聖武」，公然與聖人分庭抗禮——畢竟他的長子安慶宗全家都已被聖人殺害，兩人的關係不可能再回頭。

潼關失守

緊接著，已經中風偏癱在家的隴右[12]節度使哥舒翰，被聖人派人強行抬了出來，擔任討逆兵馬副元帥，統率最近集結的二十萬大軍，負責潼關前線的軍事工作。

進駐潼關之初，他採取了與封、高二人一樣的策略，不斷加固城防，深溝高壘，閉關固守，從正月的早春一直守到六月的初夏，叛軍都未曾西進一步。

如今再回看這段歷史，當時在河北，郭子儀與李光弼的大軍已經接連敗退史思明，如果哥舒翰再堅持個十天半月，他們就能帶領著朔方[13]軍直搗安祿山的范陽老巢。失去了根據地和後方補給，叛軍必然人心渙散，不攻自潰，土崩瓦解也在頃刻之間。

但歷史沒有如果，叛軍摸透了聖人求勝心切的心理，見強攻不成，便多次佯裝潰敗引誘哥舒翰出關。儘管哥舒翰身為久經沙場的老將，一眼就看出其中詭計，並未予

[12] 今甘肅青海一帶。
[13] 今寧夏河套一帶。

以理會，奈何楊國忠與哥舒翰素有嫌隙，他擔心手握重兵的哥舒翰進一步做大，竟向聖人進言說，目下叛軍久攻潼關不下，其軍心已然渙散，哥舒翰若再堅守不出，恐將坐失良機。

於是，那年（西元七五六年）的六月四日，在聖人的再三催促下，哥舒翰幾乎是哭著出了潼關——畢竟有了兩位老同袍的前車之鑑，不出關就是抗旨找死，出關運氣好還能有條活路。

果不其然，哥舒翰剛出潼關沒多久，就在靈寶[14]的峽谷地帶遭遇叛軍的伏擊，辛苦集結起來的二十萬大軍，幾乎全軍覆沒，就連哥舒翰本人也成了叛軍俘虜，不久便被殺害。

經此一役，唐軍損失慘重，前方戰況立馬急轉直下，潼關失守致使長安門戶洞開，隨時有被叛軍攻陷的危險。而身在河北的郭子儀和李光弼也不得不停止反攻，準備回師勤王，由此也給了史思明以喘息之機，剛剛收復的河北大片土地也重新被叛軍占領。

[14] 今河南靈寶一帶。

長安陷落

潼關失守的消息，很快傳到長安，滿朝文武驚慌失措。在右相楊國忠的建議下，聖人捨棄了全城百姓，於凌晨時分帶著貴妃姊妹、皇子皇孫及眾多貴戚官員，從大明宮禁苑西門祕密出發，並由龍武大將軍陳玄禮率三千禁軍隨行護送，倉皇逃奔蜀地。

不久之後，歷經北周隋唐兩百多年營造的長安，就被長驅直入的叛軍馬蹄攻陷了。叛軍在城中放下一把大火，燒了三天三夜，也燒醒了還沉睡在盛世美夢中的人們。如狼似虎的叛軍士兵，一個個像魔鬼一樣破門而入，喪心病狂，姦淫擄掠，無惡不作。

頓時，長安城裡哀鴻遍野，充斥著哭喊與呼救，外國使節、胡商胡賈紛紛出逃，無數百姓慘遭屠戮，王公貴戚的府邸也被洗劫一空，曾經的繁華帝都，瞬間變成了血海煉獄。

而我，由於官位不高，未被聖人提前通知出逃，沒能跟上大部隊，剛跑出長安沒多遠就被叛軍抓獲了。但是不知道為什麼，抓住我後，安祿山並未立刻殺了我，甚至想請我去宮中為他唱詩，還說自從上次太液池一別，就一直對我的歌聲念念不忘，希望能再聽一次。

我身為大唐的臣子，怎能為賊首安祿山獻唱？但不去便是死罪——無奈之下，我只得吞食啞藥，致使聲帶受損，從此再也無法歌唱，大病一場後，醒來已是半個廢人了。

即使如此，安祿山還是不肯放過我，竟強行授我以偽官，官職仍是給事中——他表示如果我不接受，他將會屠殺更多的臣民百姓，將會有更多無辜的人因我而死。

於是，為避免百姓再遭劫難，我只得違心接受了他的任命。

凝碧池頭

此時的長安城，由於已被手下的士兵糟蹋殆盡，不再適合居住，在安排好相關防務後，安祿山就重新回到了洛陽。我與其他被俘虜的大臣，也隨他一起被押送到了那裡。

安祿山把我們這些並非真心歸附的大臣一同囚禁在了洛陽郊外的菩提寺裡，那是個很多年都沒有人打理的落魄老廟，陰暗潮溼，灰塵滿布，居於其間如同豬狗。

那段日子，我每天戰戰兢兢，看著身邊的同僚不是因屈服於安祿山的淫威而甘願淪為供他取樂的小丑，就是因奮起反抗而慘遭他的殺害，我連一句話也不敢說。

直到有一天，安祿山在凝碧池邊大擺慶功宴，我親眼看到一個叫雷海青的樂工因不肯為安祿山演奏而被他殘忍肢解，我心頭的痛苦終於達到了頂點。

我和雷海青很早就認識，他是我任太樂丞時的下屬——自古忠臣不事二主，他一個樂工尚且如此，我是大唐的朝廷命官，怎能繼續苟且偷生。由此，從宴會返回菩提寺後，我寫下了一首絕命詩，並打算就此殉節，以激勵在前線與叛軍作戰的將士，詩言：

萬戶傷心生野煙，百官何日更朝天。
秋槐落葉空宮裡，凝碧池頭奏管弦。

然而，就在此時，一直在輞川隱居的裴迪聽聞了我的遭遇，竟冒死跑到洛陽探望我，因他並非官場中人，看守的士卒並未過分為難他，僅索要了一筆賄賂，便把他放了進來。

看過我的新詩後，裴迪為我的遭遇難過不已。但是他同時也告訴我，當前的局勢已有了新的變化，楊國忠在馬嵬驛被譁變的禁軍殺害，貴妃也被逼自縊身亡，太子李亨則在朔方靈武[15]登基，並遙尊聖人為太上皇。目前新皇帝正在朔方集結力量，郭子儀、李光弼、僕固懷恩等大將紛紛回應，新的反攻即將開始。

裴迪的話，讓我激動不已，我知道大唐又有救了。

兩都收復

新皇帝的年號叫「至德」——取自天寶四載（西元七四五年）他和聖人一起抄寫的那部《石台孝經》：「非至德，其孰能順民如此。」寓意他擅自登基並非大逆不道，而是應天順民。

[15] 今寧夏靈武。

至於叛軍這邊，還沒等朝廷的軍隊打過來，自己就已經先亂了起來。

至德二載（西元七五七年）正月，剛過完五十四歲生日的安祿山迎來了他的報應。此時的他由於過度肥胖，各種疾病紛至沓來，全身長滿了毒瘡，雙眼也逐漸失明。病痛的折磨讓他的性情越來越殘暴，稍不順心，就拿鞭子把人往死裡抽，身邊的親信大臣皆受其苦。

最終，不堪忍受的眾人，慫恿安祿山不受待見的次子安慶緒，一起趁著安祿山熟睡時闖入了他的寢宮，合謀把他殺害了。據說他們還刨開了他的肚子，肥腸流了一地。

安祿山做夢也不會想到，他居然會死在自己親生兒子的手裡。

就這樣，「大孝子」安慶緒成了偽燕政權的第二位掌權人。相比他久經沙場的父親，他對行軍打仗可謂毫無經驗，在唐軍的輪番進攻下，節節敗退。

至德二載（西元七五七年）八月，面對大好形勢，新皇帝下令對叛軍發動總攻；九月，他以長子廣平王李豫為天下兵馬大元帥，郭子儀為副元帥，率領大唐及回紇聯軍，共計兵馬二十萬，收復了西京長安；十月，唐軍乘勝追擊，東都洛陽也被迅速收復，安慶緒倉皇逃奔河北。

與此同時，遠在范陽大本營的史思明，見安家父子大勢已去，又重新歸復了大唐。

皇帝很高興，封史思明為歸義郡王、河北節度使，並命他與長子史朝義一起，率軍前往相州鄴城[16]，剿滅安慶緒殘部——至此，除相州外，河北各州郡全部重歸大唐版圖。

緊接著，皇帝和聖人先後返回了長安，大唐至少在表面上暫時恢復了和平。

事後清算

返回長安後，皇帝做的第一件事，就是對戰爭中被叛軍俘虜的大臣進行清算，包括我的好友儲光羲在內，很多人都被貶謫流放到了嶺南等煙瘴之地。本以為我也會遭

[16] 今河南安陽一帶。

到同樣的下場，但我的弟弟王縉卻冒死為我求情。

那時，弟弟作為太原少尹，在叛軍攻陷太原後，他就率領著殘部，投靠了新任河東[17]節度使李光弼，繼續在前線參與平叛。正是在他們的指揮下，太原被重新奪回，史思明也接連遭遇大敗，始終無法與安祿山的前方部隊會合，河北大片土地得到了光復。

原本因為軍功，弟弟已被升任為刑部侍郎，但是為了救我，他甘願以自己的功勞和官位抵罪，於是朝廷便撤銷了他的任命。同時，鑑於鄴城的安慶緒還未完全剿滅，他又是李光弼麾下的得力幹將，故仍准許他以白衣身分繼續回前線平叛。

至於裴迪，身為官場外人，他也親自為我作證。他講起了我不願效忠安祿山及吞食啞藥的事情，並拿出了我在菩提寺中所寫的詩，表明我仍舊心向大唐，受任偽官實屬被逼無奈之舉。朝廷兩相權衡，決定折中處理，降我為太子中允，以示懲戒。

從此之後，僥倖脫罪的我，變得更加無心官場，除偶爾參加一些重要的朝會活動外，便終日與裴迪等人隱居輞川，觀山打坐，誦經禮佛，很少再過問政事。

[17] 今山西西南一帶。

至德三載（西元七五八年）二月，皇帝眼見大唐轉危為安，似乎即將迎來中興之世，龍心大悅，隨即冊封平叛有功的廣平王李豫為太子，郭子儀、李光弼等將領也均被封賞。同時，他還宣布大赦天下，並改年號為「乾元」，出自《易經》，取「大哉乾元」之意。

後起之秀

乾元元年（西元七五八年）的初春，長安城已經恢復了往日的秩序。雖然酒肆中已不再有當年的胡姬歌舞，但市坊的商鋪又重新開始營業，道路上車馬往來，百姓們也漸漸從兩年前那場刀山血海的恐怖中走出，呈現出一派欣欣向榮之景。

也是那一年，皇帝在大明宮含元殿舉行了他登基以來的第一次早朝大會，身在長安的文武兩班大臣悉數參加，我與岑參、賈至、杜甫等人在散朝後不期而遇。

那時，岑參剛從西域的北庭都護府歸來不久，被授以門下省左補闕，此前他曾在封常清的帳下任幕僚多年，這次回長安，是想和他的好友高適一樣，去前線參與平叛。

賈至與岑參同齡，兩人都晚生我十七歲。賈至因扈從聖人去蜀地有功，年紀輕輕就被封為中書舍人，不久之後，還將調往汝州做刺史。

眼見分別在即，賈至便與我們寫詩相贈。自然，我們也紛紛回禮，最先動筆的人是話最少的杜甫，他比我小十一歲。據說安祿山造反後，他就從家中獨自北上，一路冒死逃脫叛軍，只為趕到靈武朝見新皇帝。皇帝見他一路風塵僕僕，麻鞋爛衣，餓得皮包骨頭，感念他的赤誠與執著，便封他做了左拾遺。

雖然杜甫的詩還需要磨練，但在他寫詩的過程中，我總能看到他那篤定的眼神，其中似乎蘊藏著某種我說不出來的東西，而我每日在家膜拜的佛像，也有類似的眼神。我想，如果這個年輕人一直這樣堅持下去，也許在不久的將來，他會在寫詩這件事情上超過我。

此次，我身為詩壇前輩，是最後一個寫的。看著飽經戰火摧殘的長安城終於再度恢復和平，我的心頭感慨萬千，不禁想起開元年間的繁華景象，我有預感，那樣的景象以後都不會再有了。片刻沉思後，我提筆寫下：

絳幘雞人送曉籌，尚衣方進翠雲裘。
九天閶闔開宮殿，萬國衣冠拜冕旒。
日色才臨仙掌動，香煙欲傍袞龍浮。
朝罷須裁五色詔，佩聲歸向鳳池頭。

我想，這該是我獻給大唐的最後一首讚歌吧。

軟禁深宮

自那次早朝大會後不久，皇帝便把聖人的住所從興慶宮搬到了更為破敗的太極宮，使聖人進一步遠離了百官與朝堂，從此再也不許他干預政事。

說到太極宮，在太宗皇帝興建大明宮之前，它一直是長安城裡最宏偉的宮殿，當年高祖皇帝便是在這裡登基稱帝，正式創立了大唐，聖人的父親睿宗，其晚年的太上皇生涯也是在此度過的。而聖人自己，同樣與太極宮有著莫大淵源。

年輕時的聖人，正是在太極宮的玄武門外，效仿太宗皇帝發動兵變，一舉剿滅了韋后一黨的叛亂，並由此把大唐帶入一個全新的輝煌時代。

對於皇帝的軟禁，聖人雖有怨言，但也無可奈何，畢竟現在大權都在皇帝手中。更何況他過去對待皇帝和其他兒子的態度並不好，甚至還多次想要廢黜皇帝的太子之位，連皇帝的女兒榮義郡主也慘死在他手上，皇帝能留著他養老已經算是不錯了。

此時的聖人，身邊已經沒有了朋友，堪稱名副其實的「孤家寡人」。想起過去種種，他常陷入無盡傷感——新皇帝寵信的宦官李輔國為了獨攬宮中事務，進讒言貶走了曾經的上司高力士，就連一直陪在聖人身邊護駕的大將軍陳玄禮不久前也病逝了。

與此同時，為了進一步阻隔聖人與外界的往來，皇帝甚至下令沒有他的允許，任何外臣都不得私自探望聖人。垂垂老矣的聖人，只能每日與舊時宮女及梨園子弟為伴，一邊彈奏著他當年親手創製的〈霓裳羽衣曲〉，一邊回憶自己曾經所締造的美好，聊以自慰。

直到有一天，一個老宮女獨自從太極宮跑來輞川找我。她說，聖人想見我。為此，我雖明知皇帝的禁令，但還是決定去看一看聖人，畢竟我身為一個並沒什麼實權的閒散官員，去應太上皇的召見，相信皇帝也不會過分怪罪。

紅豆相思

那是自聖人出逃蜀地以來，我第一次見他，也是最後一次。說實話，他當時的模樣，讓我有些不敢相信。才不過兩年光陰，他竟已滿頭白髮，衰老得不成樣子，想起他年輕時不可一世的風采，我不禁有些眼眶溼潤。

「你來了？」他問。

「是。」我說。

「我最近常常想起貴妃，也想起你過去寫的那首詩。」他像在對我說，又像在自言自語。

「陛下，您說的是哪一首？」我問。

「紅豆生南國，春來發幾枝。願君多採擷，此物最相思。」他自顧自讀著。

「那是當初臣寫給李龜年的。」我笑了笑，說道。

「能再唱給我聽聽嗎？很久都沒聽過你唱詩了，上一次還是在太液池邊，貴妃的生日宴會上。」他也笑了笑，說道。

「臣的嗓子已經毀壞，無法為陛下歌唱了，我彈給您聽吧。」說完，我接過宮女手中的琵琶，彈起了當年李龜年為這首詩所譜的曲子——據說安祿山攻陷長安後，李龜年就在戰亂中不知所蹤，有人說他去了江南，在酒肆中以賣唱為生，再也沒有回來過。

看著眼前這個我年少時無比崇拜的君王，正閉目傾聽著我的琴聲，他眉頭低垂的神情，就像一個遭受了重大打擊的孩子，竟使我的心頭也突然湧出了無盡傷感。

惆悵之餘，我環顧四周——此時，經歷安祿山洗劫後的太極宮，早已不復往日的金碧輝煌了，只是在聖人寢殿的牆上，至今還掛著貴妃的畫像。

畫上的她，還是那樣的美，那樣的天真與無邪。

鄴城之圍

乾元元年（西元七五八年）的秋天，河北前線的戰事又有了新的變化——表面歸唐的史思明，面對皇帝再三催促他發兵攻打安慶緒，始終沒有做出任何積極回應。

對此，皇帝倍感失望，便打算派人暗中除掉史思明，同時改派郭子儀、李光弼等九鎮節度使，發兵二十萬前往鄴城，圍剿已然窮途末路的安慶緒。

此時的鄴城，在安慶緒的嚴密封鎖下，早已彈盡糧絕多時，甚至都開始出現人吃人的慘象。再這麼下去，不用等唐軍打進來，城裡就已經自行崩潰了。

目睹城中種種亂象，安慶緒雙眼通紅，面色慘白。而城外聲勢浩大的唐軍，更是讓他從精神到肉體都陷入了極度的恐慌。無奈之下，他竟以帝位相讓，向范陽的史思明求援。

恰巧此時，大唐皇帝想要除掉史思明的消息也已被人洩露，這讓史思明反心復起，以至於剛一收到安慶緒的求援信，他就氣勢洶洶帶領著十三萬大軍南下，並於年末成功奪下了鄴城北面的魏州[18]。他在魏州設壇祭天，自稱大聖燕王，再次公開背叛了大唐。

到了第二年的三月，一直在魏州坐山觀虎鬥的史思明，眼見唐軍與安慶緒雙方已經打得精疲力竭，且瀕臨崩潰的安慶緒持續派人前來求救，他才終於決定發兵，坐收漁人之利，親率大軍抵達鄴城附近的安陽河畔，主動與圍剿鄴城的唐軍約戰。

至於朝廷方面，接連經歷了兩次節度使叛亂，導致皇帝對各鎮節度使都不放心，軍隊的實際指揮權落到了皇帝寵信的宦官手裡。這個宦官叫魚朝恩，常年深居宮中，毫無作戰經驗，竟被委以監軍重任，監領九鎮節度使兵馬，且此人自視甚高，根本不聽郭子儀等人的建議，使得本來人數占優的唐軍，軍心動盪，士氣低迷。

[18] 今河北邯鄲一帶。

天狗食日

史思明的囂張挑釁，讓大唐皇帝大為惱火。他隨即再次下詔，幾乎傾全國之兵，共計約六十萬人馬，列陣於安陽河北岸，誓要徹底剷除叛軍餘孽。

唐軍的大舉進攻，讓史思明自知已無退路，竟身先士卒，趁唐軍大部隊陣腳未穩之際，親率五萬精兵出擊。李光弼等將領率部與之鏖戰，雙方各有損傷，難分勝負。

但就在此時，天空突然出現了異象，本來還風和日麗，頃刻間，就狂風大起，到處飛沙走石，天昏地暗，有人將這種現象叫做「天狗食日」，也就是日全食。

由於敵我雙方的大部分人都是頭一回見到這種場面，頓時被嚇得亂作一團，誰也不敢再繼續戰鬥下去了，紛紛丟盔棄甲，像無頭蒼蠅一樣各自逃竄。

身在後方主帳的郭子儀與魚朝恩也目睹了這一異象。還沒等郭子儀布陣，魚朝恩就慌忙下令全線撤軍，導致數十萬唐軍一時陣腳大亂。除李光弼等人的部隊駐防留守外，其餘節度使相繼率領各自兵馬潰逃回本鎮。潰逃的士兵一路燒殺剽掠，與叛軍及盜匪無異。

就這麼著，因為一場「日全食」，六十萬唐軍匆匆散場。事後，魚朝恩為了洗脫罪責，竟向皇帝進讒言，把前線潰散的責任全推到了郭子儀身上。不久，皇帝就解除了郭子儀的兵權，改任李光弼接替郭子儀為朔方節度使、天下兵馬副元帥，全權負責平叛事宜。

至於另一邊，六十萬唐軍的大潰退，讓史思明的叛軍士氣大振，他們都認為這是上天在庇佑「大燕」，變得更加不畏懼唐軍，史思明的個人聲望也由此達到頂點。

之後，史思明便率軍進入了鄴城，並以弒父不孝的罪名鴆殺了已經沒有利用價值的安慶緒，替自己的好兄弟安祿山「報仇」。同時，他自立為偽燕新皇帝，建都范陽，年號「順天」。

烏合之眾

乾元二年（西元七五九年）九月，史思明趁著軍隊士氣正盛，集結重兵南下。叛軍的馬蹄一路勢如破竹，很快便逼近了東都洛陽。唐軍統帥李光弼鑑於洛陽地勢平坦，無險可守，為避免三年前的悲劇重演，他向朝廷請旨放棄了洛陽，並下令洛陽臣民一律遷至潼關之內。與此同時，他親率兩萬唐軍退守河陽三城[19]，堅壁清野，與叛軍隔黃河對峙。

到了九月末，叛軍正式進入已是空城一座的洛陽，雙方的戰事就此陷入僵持階段，長達兩年之久。而在這兩年間，大唐的年號也從乾元改成了上元。

上元元年（西元七六〇年）六月，本該身為罪臣的我，被升任為尚書右丞，這是我一生中擔任的最後一個官職，後世也常因此稱我為「王右丞」。然而每當我回想起曾經和我一樣事任過偽燕的同僚一個個慘遭流放，我便為此感到羞愧不已。

[19] 今河南孟津一帶。

至於前線的戰事，直到上元二年（西元七六一年）才再次迎來轉機——史思明的兒子史朝義，因不堪忍受父親的欺辱，竟夥同屬下殺掉了父親，自己急匆匆地在洛陽登基稱帝。

這個史朝義和安慶緒一樣，都是不學無術的紈絝子弟，志大才疏，根本不懂治國行軍之道，致使本就根基不穩的偽燕政權變得更加動盪——在聖人以孝治天下的號召下，居然能同時出現安家與史家這兩對父子，實乃滑天下之大稽。

叛軍的再次內亂，為唐軍的反攻創造了絕佳條件，不久，洛陽就重新回到唐軍手中。而大勢已去的史朝義，縱然還在做著最後的困獸之鬥，但早已人心盡喪。

這幫烏合之眾，幾乎毀掉了大唐。如今，他們的死期就要到了。

空山新雨

晚年唯好靜，萬事不關心。

上元二年（西元七六一年）的夏天，我又生了一場大病，早已厭倦官場的我，預感自己即將時日無多，便索性向皇帝上表請辭，並想用我的官職換弟弟回長安。

或許是被我們兄弟之間的感情打動，皇帝欣然應允了我的請求，不但讓弟弟重新回來，還讓他官復原職。而我，則在輞川過起了最後的田園生活。

和我同一年生病的，還有李白。據說他正寄居在當塗[20]族叔李陽冰的家中，日子過得不太好。得知這個消息，我有些難過，我知道，我們都快要跟這個時代告別了。

此外，由於弟弟早已成家，且平日公務繁忙，很少再來輞川了，在我最後的那段日子裡，陪伴我最多的人是裴迪，此時他已經四十五歲了——初見他時，我也四十五歲。

[20] 今安徽當塗縣。

不久前，他剛被皇帝任命為蜀州刺史，下個月就要去赴任了。

「你終於想通了。」我說。

「是的，如今叛亂即將平定，亂世需要軍人，和平時期則需要你我這樣的人。」他說。

「那你便去吧。」我說。

「那你呢？」他問。

「我已經老了，有窗外的梅花做伴，足矣。」

只見我話音剛落，窗外就忽然下起了一陣細雨，年少時在蒲州也曾下過類似的雨，輕盈的雨絲在山谷中隨風飄灑，灑進我的院子，灑在佛前的幾瓣梅花上，散出淡淡的清香。

「再陪我看一場雨吧。」我說。

「好。」他說。

杜甫

生於唐玄宗先天元年春（七一二年二月十二日）

卒於唐代宗大曆五年冬（七七〇年）

天才之死

王維死後一年多，李白也死了。關於李白的死，民間有很多猜測，流傳最廣的一種說法是，某天夜裡，他在船上喝醉了酒，要去撈水中的月亮，結果不慎失足落水，淹死了。

這種世人對李白之死的浪漫想像，頗具哲學意味，但很明顯與事實嚴重不符。不過事實究竟如何，世人也是不關心的，他們只是需要一個自己心中想像的李白，來慰藉自己乏善可陳的平凡人生。

李白死的那一年，是寶應元年（西元七六二年）的冬天。

四年前，他因受永王李璘謀反案的牽連，被流放夜郎。但他還沒走到夜郎，就發生了關中大旱，肅宗宣布大赦天下，他也得以重新返回中原。

在生命的最後幾年裡，李白依舊本性不改，早已沒有金錢可供揮霍的他，繼續過著四處漫遊的生活。由於沒有什麼具體的營生，全靠著昔日舊友的接濟才能勉強度日。

直到上元二年（西元七六一年），已經六十歲的李白，因為過度飲酒生了一場大病，預感自己即將不久於人世的他，才被迫去往安徽當塗，投靠他在當塗做縣令的族叔李陽冰，生活才算稍微安定下來，但留給他的時間已經不多了。

李白病重的時候，我正住在成都的浣花草堂，日子過得也不太好，房子經常刮風漏雨，老婆孩子跟著我吃了上頓沒下頓，全家人都苦悶不已。不過我還是會時常想起李白，每次想到他，我的心情就會好很多——是的，他就像我的太陽。

然而，太陽也有落下的一天，李白最終還是走了。

在臨走之前，他寫了首〈臨終歌〉，依舊像年輕時那樣把自己比作振翅高飛的大鵬鳥，我想，他應該是得道飛升去了吧。

奸宦弄權

李白去世的同一年，在朝廷那邊，玄宗與肅宗父子也先後駕崩。這些人的相繼離世，就像事先商量好的一樣，為一去不返的大唐盛世畫上了一個並不完滿的句號。

上元三年（西元七六二年）的四月，也就是肅宗病危的時候，一直陪伴在肅宗身旁的張皇后，為了在肅宗去世後能繼續干預朝政，竟與屬下密謀，準備殺掉不太聽話的太子李豫，改立越王李係為太子。可惜他們的密謀還沒來得及實施，就被宦官李輔國發現了。

這個李輔國原本就因爭奪宮中權力，與張皇后有著很大的矛盾。得知此事後，他果斷選擇和太子李豫站在一邊，夥同另一位宦官程元振帶兵闖入後宮，逮捕並幽禁了張皇后及越王李係等人。而在張皇后被幽禁的當天晚上，肅宗就抱病死去了。

到了第二天的早朝大會，在李輔國與程元振等人的擁立下，太子李豫登基成為大唐的新皇帝，他宣布改「上元三年」為「寶應元年」，躊躇滿志，準備開啟大唐歷史新的篇章。至於李輔國與程元振二人，皆因擁立有功被加官晉爵，一時權傾朝野。尤其是李輔國，身為擁立的頭號功臣，直接升任司空兼中書令。據我所知，有唐以來還沒有宦官做中書令的先例，而上一個做到宰相的宦官，還是秦時的趙高。

陛下之所以對他禮遇有加，除擁立之功外，主要還是考慮到他手中的兵權。

割首餵豬

自肅宗登基後，有了安祿山的教訓，出於對各鎮節度使擁兵自重的警惕，皇帝選擇委派自己的親信宦官去前線監軍，代皇帝行使掌兵之權，且權力越來越大。

李輔國便是其中的佼佼者，他不僅一步步掌控了禁軍，而且正是在他的一通操作下，玄宗遭到了軟禁，鬱鬱而終，甚至有傳言說連肅宗也是被他嚇死的。

有鑑於此，陛下早在當太子的時候，就對李輔國的種種劣行恨之入骨。但為了能順利繼位，他只得暫時倚仗其力量。待登基之後，則無時無刻不在思考如何將其除之而後快。

而想除掉李輔國，首先要做的是收回他的兵權。寶應元年（西元七六二年）五月，登基才一個月的陛下，就迫不及待展開行動了。但越是到最後時刻，往往越是要沉住氣——為了讓李輔國放鬆警惕，陛下可謂是下足了功夫，甚至不惜屈尊稱李輔國為「尚父」，晉爵博陸郡王，遇事也必先請教李輔國。

這讓李輔國不禁心花怒放、得意忘形，走上了人臣巔峰的他，終於飄飄然起來，似乎還真把自己當成了指鹿為馬的趙高，對於陛下暗中架空他兵權之事，竟毫無覺察。

而他的大意，也最終讓他付出了生命的代價。

收回兵權不久後，陛下就與李輔國的老搭檔程元振合謀，派人深夜假扮盜賊，悄悄潛入李輔國的家中，神不知鬼不覺，就把還在睡夢中的李輔國給殺了。

據說他的死相很難看，頭顱被割下來，丟進了骯髒的市井豬圈中，任由豬狗們瘋狂啃食。在他死後，陛下又追贈他為太傅，諡號曰「丑」，可謂極盡榮辱了。

白日放歌

寶應二年（西元七六三年）正月，前線的平叛之戰已進入最後階段。逆賊史朝義被新任朔方節度使僕固懷恩的軍隊打得走投無路，準備北上投靠契丹部落，結果被他企圖歸唐的部將李懷仙、田承嗣等人率軍包圍，最終落得個自縊身亡的下場。

至此，歷時近八年之久的安史之亂，終於宣告結束。得知這個消息的時候，我和妻兒還寓居在成都。我們的草堂又漏水了，我正在為如何修補屋頂的事情發愁，聽聞唐軍得勝，猶如春雷巨響，令我瞬間喜極而泣，連房子都懶得修了。

我大筆一揮，寫出了生平少有的一首快詩：

劍外忽傳收薊北，初聞涕淚滿衣裳。
卻看妻子愁何在，漫卷詩書喜欲狂。
白日放歌須縱酒，青春作伴好還鄉。
即從巴峽穿巫峽，便下襄陽向洛陽。

雖然後來我因肺病發作，並未真的踏上返鄉的歸途，但我當時激動的心情卻是真切的——安史之亂打了八年，我帶著妻兒漂泊了八年。八年來，我們幾乎沒有過幾天好日子，經歷了太多的死亡與離別，我感覺如果戰爭還不結束，我就要麻木了。

然而，我激動歸激動，在朝廷方面，安史之亂平定後本該論功行賞，卻由於宦官程元振、魚朝恩等人的讒言與誹謗，平叛有功的將領們並未得到應有的待遇——郭子儀被解除兵權，李光弼被外放徐州，襄陽節度使來瑱甚至直接被迫害致死。

關於為什麼會出現這種情況，坊間有很多猜測，有人說是因為宦官與武將們有過節，索賄不成，遂以公報私；還有更為陰謀的一種說法是，陛下才是幕後真正的操控者：自安史之亂後，各鎮節度使擁兵自重的情況越來越嚴重，大有威脅皇權之勢，陛下是要借宦官之手，替自己剷除已然在平叛中壯大的藩鎮勢力。

出逃陝州

寶應二年（西元七六三年）七月，鑒於安史之亂的全面平息，陛下為彰顯自己中興大唐的壯舉，決定改元為「廣德」，大概就是「功德無量」的意思。

但令陛下沒有想到的是，他之前一系列怠慢功臣的行為下來，竟使剛安定沒多久的大唐再一次陷入危機。當年九月，一直在西邊虎視眈眈的吐蕃，看準了大唐內亂初平，軍隊疲憊空虛，急需休整的空當，竟從多路同時出發，大舉東進，很快就逼近了長安。

此時，程元振由於幫陛下鏟除李輔國有功，已經接替李輔國成了朝中新貴。正是由於他的隱瞞，陛下到十月才知道吐蕃進攻的消息。然為時已晚，陛下只得緊急下詔，向各鎮節度使釋出勤王詔書，可是節度使們皆因不滿陛下寵信程元振而拒絕出兵。

於是，彷彿八年前的歷史重演，陛下選擇了放棄長安，率領百官貴戚，慌忙出逃，一直逃到了陝州[21]。在時任陝州觀軍容使魚朝恩及其麾下神策軍[22]的護衛下，陛下及隨行百官貴戚的情勢才稍微穩定。最終，被逼無奈的陛下只得聽從隨行大臣的建議，罷免了程元振，這才換得與各鎮節度使之間微妙的和解。

之後，賦閒在家的郭子儀被重新起用，吐蕃方面聽說郭子儀回來了，因畏懼郭子儀的威名，再加上他們從高原突然跑到低海拔地區，不少人都產生了「低原反應」，生理和心理都極為不適，不久便匆匆撤離了長安，陷落十五天的長安再次被唐軍收復。

緊接著，陛下從陝州重新回到了長安，並在一眾大臣的奏請下，把程元振流放去了溱州[23]。但在流放途中，程元振就被「仇家」殺害了。

而所謂的「仇家」，自然就是手握重兵的藩鎮節度使們。

[21] 今河南陝縣。
[22] 大唐禁軍之一。
[23] 今重慶綦江。

李白平反

重返長安後，劫後餘生的陛下或許是出於愧疚，又或許是出於對參與平叛各鎮節度使的安撫，竟忽然決定為安史之亂中蒙冤的功臣及將領平反，郭子儀、李光弼等人皆受到封賞，去世的來瑱也被恢復官爵，甚至連陛下的叔叔永王李璘也在昭雪之列。

當初陛下的父親肅宗在位時，為了鞏固自己的帝位，以「謀反」之名剿滅了正在江陵[24]統兵平叛的永王李璘。而那時的李白為躲避北方戰禍南下，後受永王徵召入其幕府，也因此牽連，慘遭流放，被迫背上了「謀反」的罪名。如今永王平反昭雪，就意味著李白也得到了平反。

天不生李太白，大唐詩壇萬古如長夜。李白一生自負，在出世與入世之間糾結往返，一面放蕩不羈愛自由，一面又渴求明主做宰相，大半生都懷才不遇，好不容易遇到個永王李璘禮賢下士，幾經周折，非要請他出廬山，對他來說，如同諸葛孔明遇到了劉皇叔，他怎麼能不拚命報答？

[24] 今湖北荊州。

但現實對詩人來說總是殘酷的，正當他準備揮舞手中長劍，跟隨永王的大軍開赴前線討伐安祿山的時候，「謀反」大罪從天而降，一代詩仙遭遇了人生中最重大的一個打擊。此後，世人都嘲笑他是政治白痴，但他自己卻始終堅信——永王從未謀反。

據說後來，陛下還曾派人去當塗找過李白，想招他入朝為官，雖然那時李白已經不在人世了，但是我想，他泉下有知應該會感到高興吧。

洛陽初見

第一次遇見李白，我三十二歲，他四十三歲。那是在天寶三載（西元七四四年）的春天，洛陽城裡的牡丹大朵開放，他剛被玄宗皇帝賜金放還，獨自從長安跑到了洛陽，而我則正在洛陽郊外的首陽山為參加科考做準備。

聽說李白來了洛陽，我無比激動——關於他在長安城裡讓貴妃磨墨、力士脫靴的壯舉，此時早已傳遍了天下，我每每想起，都仰慕不已。

我記得那是一個起著微風的午後，我身為一個後生，鼓足了勇氣，主動寫信約他在洛陽郊外的酒肆中相見，本來只是碰碰運氣，沒想到他竟賞臉，欣然前來赴約。

初次見面，我們一見如故，他人如其名，一襲白色道袍，分外顯眼。

我與他默默對視，只見他劍眉黑鬚，雖身長不滿七尺，眉宇之間卻散發著一股不凡的英氣，外加腰橫一柄長劍，舉手投足，頗有仗劍去國的俠士風範。

我想，真不愧是在大明宮跟聖人喝過酒的男人啊。得知我準備去長安應考，李白一口氣喝了一大碗酒，忽然大笑起來，似乎對此很不屑，說好男兒志在四方，大好年華應該去做點更有意義的事情。

我問他：「那什麼才叫更有意義的事情？」

「尋仙訪道，漫遊天地之間，探求人生須臾之真諦。」他又喝了半碗酒，說道。

我望著他一臉認真的神情，有些入迷，感覺眼前這個人真的懂神仙之道。

於是，幾天之後，我就匆匆揮別了家人，收拾起行囊，跟著李白在梁宋[25]之地無所事事地遊蕩，而在抵達睢陽[26]時，我們又遇到了高適。

尋仙訪道

高適是安東都護、名將高侃的孫子。高侃在跟隨李績滅高句麗的戰爭中立下過大功，死後被追封為渤海郡王，堪稱顯赫一時，只可惜到了高適這一輩，家族早已衰落。

那時，高適也已經四十歲了，在科考落第之後，他就一直隱居睢陽，寫詩修道，鬱鬱不得志，遇到我和李白兩個酒鬼，他像是找到了知己一樣，主動加入我們的隊伍。之後，整整半年的時間，在李白的帶領下，我們三人逛遍了河南與河北。從嵩山

[25] 今河南一帶。
[26] 今河南商丘。

到王屋山，從元丹丘到司馬承禎，我們拜訪了能夠拜訪的所有名山與高士，一路穿州過府，風餐露宿，每日蓬頭垢面，詩酒相娛，論天下大勢，求宇宙及自然之奧義。

然而，眼見到冬季來臨，大雁又開始南飛，天氣一天比一天寒冷，我們卻始終沒有找到所謂的「神仙」，再這麼搞下去，別說尋仙了，我們很可能都會被凍死在這荒郊野外。

「我累了，我想回家。」我說。

「我也該回去了，尋仙訪道實在太過虛無縹緲，非長久之計。」高適應和道。

只有李白依舊不以為然，決定繼續找下去。無奈，我和高適只得揮別了李白，各自返回了家中。再後來，我就聽說李白去了東魯齊州[27]，由於沒錢沒工作，他竟與當地一個婦人同居，兩人還生了孩子，這著實讓我沒有想到。

更讓我沒有想到的是，他還跑到齊州的紫極宮請道士高天師為他授了道籙，成了一名官方認證的高級道士。

這也算間接為我們三人的尋仙訪道之旅，畫上了一個句號吧。

[27] 今山東濟南。

重逢東魯

當我再次見到李白，已經是第二年的春天了。

那時，我正好去齊州探親訪友，得知李白也在東魯，便再次相約一起出遊。

記得我上次來東魯，還是在八年前的開元年間——那時，我二十四歲，剛在洛陽參加完人生中的第一次科考，且遺憾落榜，在兗州[28]做司馬的父親杜閒得知後，為了安慰和鼓勵我，便讓我去兗州旅行散心。那是我第一次到東魯，也是我第一次目睹雄偉的泰山，令我畢生難忘，並寫出了「岱宗夫如何，齊魯青未了」這樣的詩句。

扯遠了，說回李白，或許是授了道籙的緣故，這次相見，他似乎比之前更加痴迷神仙之術了，除大談老莊、淮南子、葛稚川外，他還很認真地跟我說，他最近正在研究丹藥的製作方法，並表示只要藥材的成分配比得當，長生不老藥是可以煉出來的。

對於他的這些言論，我不置可否，只是好心勸告他，研製丹藥可以，但這種東西

[28] 今山東濟寧。

還是盡量少吃，遠的如秦始皇就不提了，單說我朝太宗文皇帝，便是因為吃多了丹藥，結果一代明君五十出頭就駕崩了，如若不然，我大唐必定比之今日還要富強。

不過勸歸勸，儘管在煉丹這件事情上，我和李白意見不合，卻並不妨礙我們繼續結伴出遊。我們還是和去年一樣，在山水間肆意行走，從齊州一直走到了我父親生前任職過的兗州，往來於各路道觀之間，與高人隱者賦詩對飲，談天說地，一晃又過了大半年的時間。

在這期間，我還專程去拜訪了時任的北海[29]太守李邕。這個李邕不但是文壇前輩，和我的祖父杜審言也是舊交，身為三朝元老，他以善於提攜後輩聞名海內。得知我的到來，他廣邀山東名士，大擺宴席，給予了我細心的關懷與招待。

[29] 今山東濰坊一帶。

青天大道

據說李白年輕時也曾拜訪過李邕，但或許是因為儒家禮教的傳統，李邕很不待見他，覺得他恃才傲物、放蕩輕佻、難成大器，讓他吃了一頓閉門羹。

有鑒於此，我去拜訪李邕的時候，李白並未與我一同前去。與李邕不同，我雖然也生於儒學世家，卻打心眼裡喜歡李白，尤其是他身上的那股灑脫、天然的率真之氣。

所以，在拜訪完李邕後，我便繼續陪著李白在山間閒逛了。

記得有一次，我們實在是走累了，逛不動了，就隨便找了家道觀投宿。李白仍覺不盡興，又找道童借了不少酒來，一直跟我喝到深夜，依然沒有要停下來的意思。最終，在道長的再三催促下，李白這才面帶不悅，與我一起回到了臥房。

那一天是中秋，萬家團圓的日子，窗外的氣溫再次轉涼，為了能睡得暖和一些，我們倆擠在同一張床上。起初，房間裡安靜異常，直到李白開始說話。

「子美啊，能告訴我，你的志向是什麼嗎？」躺在我身旁的李白，醉眼矇矓，忽然問道。

「致君堯舜上，再使風俗淳。」我望著窗外皎潔的月光，脫口而出。

李白抬眼看了看我，沒有說話。

「那你呢，你的志向又是什麼？」我問。

李白又看了看我，像是被我的話刺激到了，他猛地從床上坐起，並一把推開了窗戶，衝著窗外的茫茫夜空，放聲呼喊：「大道如青天，我獨不得出！」

那呼喊，恍若天上的驚雷，瞬間打破了山間道觀的寧靜。但這還不夠，喊完了，他又陷入短暫的沉默，隨後，又突然失聲痛哭起來。那是我第一次看見李白哭，讓我不知該如何是好，只得一把將他抱住，說道：「你別這樣，會嚇到大家的。」

首陽山下

結束東魯之遊後，我和李白就各奔前程了，他繼續留在東魯修道，我則重新回到了首陽山，繼續為一年後的長安科考做準備。此後，我們就再也沒有見過面。

說到首陽山，它位於東都洛陽與我的出生地鞏縣[30]之間，據說當年周武王滅商，商的舊臣伯夷與叔齊因不食周粟，最終就是在這座山上餓死的，此山也因之聞名天下。

此外，我的家族墓地也在首陽山，從我的十三世祖杜預，到我的祖父、父親、母親乃至姑母，他們全都埋在了這座山上。而我，在姑母和父親相繼去世之後，也和妻子一起搬到了首陽山下居住，一來是為了守孝，二來也是為讀書備考尋個安靜之地。

說到我的家族，每每想起，我都會感到無比自豪。在我曾祖父出任鞏縣縣令之前，我們家一直住在長安的杜陵，被稱為「京兆杜氏」。而我，由於在家族同輩中排行老二，大家都習慣叫我「杜二甫」。

翻開家譜，我的十三世祖杜預，是魏晉時有名的軍事家和學者，當年正是由他率

[30] 今河南鞏義

領晉軍，滅亡了東吳，結束三國亂世，讓天下重歸一統。此外，在征戰之餘，他還抽空為《孫子》、《春秋》、《左傳》等學術典籍作注，流傳四百餘年，至今仍在沿用。

正因如此，杜預不但生前就被封侯拜相，死後更是成為有史以來除諸葛孔明外，唯一同時入選武廟和文廟的人，可謂是經歷了極為精采與顯赫的一生。

當父親第一次把杜預的事蹟講給我聽時，我就徹底被這位先祖給迷住了。我在心中暗暗發誓，長大以後也要像他一樣，文能提筆安天下，武能馬上定乾坤，為君王社稷出長策，為天下蒼生謀福祉，建立一番不朽功業，才不枉來世上走一遭。

詩吾家事

從杜預到我這一代，四百餘年光陰，不知經歷了多少朝代與國家，「京兆杜氏」雖比不上「五姓七望」來得顯赫，但好歹也算名門大戶，世代都是官宦人家。

先天元年（西元七一二年）的春天，也就是玄宗皇帝登基的那一年，我在鞏縣的杜家宅院中出生。當時父親正在離鞏縣不遠的郾城[31]當縣尉，身為他的第一個孩子，我的到來似乎為他平淡無奇的仕宦生涯帶來了一抹新的亮色與希望。

至於我的母親，那就厲害了，她來自大唐「五姓」之一的「清河崔氏」。據說她的母親，也就是我的外祖母，還是太宗文皇帝的重孫女，所以往遠了說我也算是「皇親國戚」。只可惜母親在我很小的時候就因病去世，我們與李唐皇室的這層關係也就此斷掉了。

最後，再提一下我的祖父，他叫杜審言，曾歷仕三朝，是則天皇后時期的「文章四友」之一，與宋之問、沈佺期等人齊名。雖然他後來因為牽扯進「神龍政變」被貶，且在我出生之前就已經去世，但正是因為他的影響，我們家的讀書氛圍一直特別濃厚。

我很小的時候就已經博覽群書，七歲就能寫詩歌詠鳳凰，九歲已書法了得，街坊們紛紛讚我為神童，說我將來必定能像先祖杜預那樣前程遠大。

[31] 今河南漯河。

所以，盡管我的祖父和父親生前做的官都不大，但有鑑於這樣的家庭背景與出身，我青少年時代的生活條件還算優渥，與我後來苦大仇深的形象有很大不同。

對於那時的我來說，寫詩就像我骨子裡流淌的血脈和基因，就像我家譜上那些耀眼的名字，是再自然不過的事情，正如我後來在一首詩裡寫的：「詩是吾家事，人傳世上情。」

有唐義姑

在母親去世之後，父親又續娶了盧氏為妻，並生育下幾個子女。同時，因為他要去外地任職，擔心我跟著繼母生活有所不適，便把我託給了在洛陽的姑母撫養。

由於姑母的丈夫，也就是我的姑父，曾在長安下轄的萬年縣做過縣令，姑母也被朝廷封為「萬年縣君」。樂善好施的她，深得街坊鄰里的敬重。在大唐，京兆地區的縣令為正五品，已經屬於中階主管了，所以儘管東都洛陽寸土寸金，姑母家的生活仍舊不錯。

我去洛陽時，姑父已經去世了，只剩姑母獨自帶著幾個下人操持著家務。姑母待我視若己出，每天親自教我和表哥讀書寫字，日子也算融洽。也是在那時，我第一次在洛陽街頭看公孫大娘舞劍，在王公貴族的府邸聽李龜年彈琴，那場面讓我至今都念念不忘。

然而，幸福總是短暫的，後來不知為何，洛陽突然發生了瘟疫，我和表哥不幸同時染病。為了替我們治病，姑母訪遍了洛陽的所有名醫，尋遍了山川百草，最後才終於找到一棵據說是能治病的草藥。可是這時就開始犯難了，因為一棵草藥只能救一個人。

讓我萬萬沒想到的是，我偉大的姑母竟瞞著我和表哥，悄悄把草藥餵給了我，結果我是活了下來，我那可憐的表哥卻不幸離開了人世。為此，我撲在姑母的懷裡痛哭不已，我發誓，從今以後要把姑母當成親生母親一樣照顧，而我就是她的親生兒子。

時間流轉，在姑母的教育與培養下，我研習著儒家經典及詩詞歌賦，漸漸長大成人。到了開元二十年（西元七三二年），我也正好二十歲，已經是個身強體壯的俊朗青年了。

那時的我，對外界的渴望越來越強烈，那時正值大唐社會的鼎盛時期，年輕學子們都普遍流行所謂「漫遊」，即前往大唐各地的山川名勝走訪，在增長見聞與結交親友的同時，還能一覽大唐遼闊的疆域與風光。

二十歲的我，同樣渴望經歷一次「漫遊」。

漫遊吳越

恰好也是在那一年，父親升任奉天[32]縣令。俸祿見漲的他，從姑母處得知了我想外出旅行的心願，或許是出於對我母親早逝的虧欠，他竟欣然同意，還贊助了我不少盤纏。

[32] 今陝西乾縣。

臨行前，他對我說道：「大唐這麼大，你是該好好去看看。」

於是，在一個春暖花開的時節，二十歲的我，在父親和姑母的共同支持下，開啟了人生中的第一次漫遊。從洛陽出發，搭乘前往江南的客商船隻，沿著早已貫通的京杭大運河，直抵吳越爛漫之地，只為一睹當年六朝的風采與遺跡。

我旅途的第一站是湖州，因為我的一位叔父杜登那時正在湖州下轄的武康做縣尉，這也是父親和姑母之所以同意我來江南旅行的原因——畢竟像我這樣還沒出過社會的毛頭小子，獨自一人跑那麼遠的地方，人生地不熟，如果沒個親戚朋友照應，還是很危險的。

初到江南，我身為一個受中原文化浸染長大的人，對這裡的一草一木都充滿了好奇。而我對於江南最初的印象，大多來自幼時讀過的六朝詩文，從謝靈運的山水詩到庾信的駢體文，我都讀過。其中，庾信還曾被封為武康縣侯，封地就是我叔父那時的治所。

第一次讀到庾信那句「昔年種柳，依依漢南」，我曾感動不已，如今終於踏上這片他曾經生活過的土地，又置身於秀麗的山水之中，我激動的心情可想而知之。

之後，我圍繞著太湖，廣泛遊歷了金陵[33]、揚州、姑蘇、錢塘[34]、越州[35]、明州[36]等地，想像在一百四十多年前，這片土地還是另外一個國家，想像舊時王謝堂前的繁華與宋齊梁陳的更替，我想也只有大唐才有如此廣闊的胸襟與魄力，將這所有的一切都統一在一起。

記得抵達錢塘時，我還有幸觀賞到了蔚為壯觀的錢塘江大潮，那些江水一浪高過一浪，直衝天際，震耳欲聾的潮水聲向岸邊湧來，像極了在這個時代中，躍躍欲試的人群。

[33] 今江蘇南京。
[34] 今浙江杭州。
[35] 今浙江紹興。
[36] 今浙江寧波。

日本來客

開元二十一年（西元七三三年）四月，也就是我漫遊吳越的第二年，從日本遠渡而來的遣唐使船隊，歷經四個月的海上航程，終於在明州順利登陸了。

那時，叔父作為臨近州縣的官員，跟隨上司及同僚一起負責此次接待。

自從七十年前，在遼東白江口一役，日本水師被大唐打得全軍覆沒之後，日本幾乎每隔一段時間都會派遣使節來大唐朝貢。這些由僧侶和貴族學子所組成的使團，不畏茫茫大海與風浪，冒著隨時都有可能葬身魚腹的風險，拚死也要抵達大唐，對於推動大唐文化、宗教、醫學、工藝等諸多領域發展成果在日本的傳播做出了重大貢獻。

使團此次來訪，和之前的幾次情況差不多，目的依舊是去長安朝見大唐天子，以彰顯兩國世代友好之誠意。那時，無所事事的我，也隨叔父一起來到明州，久處內陸的我，第一次看見漫無邊際的大海，內心充滿了好奇。我時常站在海邊發呆，甚至一度想要搭乘遣唐使的大船，去往遙遠的日本看一看，看看海那邊的世界究竟是個什麼樣子。

很顯然，我的這一大膽想法，遭到了叔父的嚴詞阻止。在他看來，我只是因為目睹了遣唐使聲勢浩大的船隊，一時浮想聯翩、心血來潮而已。

「你知道此去日本需要多久嗎？」叔父問。

「不知道。」我搖頭。

「你知道航行的途中需要經過多少暗礁和急流嗎？」

「不知道。」

「你知道海上的風浪以及海底的巨魚有多恐怖嗎？」

「不知道。」

「你知道遣唐使出發的時候有多少人，能活著到達大唐的又有多少人嗎？」

「不知道。」

「十不存一！」叔父說道。

很顯然，叔父這一系列的問句，著實把年輕的我給嚇住了，對於日本的嚮往瞬間冷卻了一半。而我，也就此與可能展開的海上冒險之旅失之交臂了。

洛陽應考

開元二十三年（西元七三五年）的秋天，由於前一年長安地區發生了洪澇災害，導致農作物嚴重受損，為了減輕西京的糧食壓力，玄宗皇帝已經率領百官貴戚移駕到了洛陽。

而我，則在父親和姑母的再三催促下，為了趕回洛陽參加人生中的第一次進士科考，終於依依揮別了叔父，結束了長達三年多的吳越漫遊之旅。此後，我都沒有再回過那裡，但那裡纏綿的山水與盛開的花草，卻就此長進了我的心裡。

由於正式的洛陽科考要到第二年才舉行，按規定我先參加了在家鄉鞏縣舉行的鄉試，而只有通過了鄉試，才有資格得到州縣長官的推薦參加來年的科考。

鄉試比我想像的要簡單得多，考試的內容都是一些我兒時就已爛熟於心的儒家經典與詩賦文章，我也不負眾望，順利通過，只等在明年的洛陽科考中大顯身手了。

也是那一年，我在人頭攢動的洛陽酒樓中，第一次看到王維。那時的他，雖然也才三十多歲，但早已名滿天下，他十七歲就寫出了「獨在異鄉為異客，每逢佳節倍思親」這樣足以流傳後世的名句，二十歲就高中狀元，是包括我在內的無數年輕學子崇拜的榜樣。

據說王維曾經還因厭倦官場，學陶淵明辭官隱居了數年，直到最近在中書令張九齡的舉薦下，才重新出仕為官，並被任命為右拾遺，成為了玄宗身邊的近臣。

其實，我當時很想走上前去跟王維打個招呼，怎奈他早已被仰慕他的學子們圍得裡三層外三層，我根本擠不進去，只得遠遠站在板凳上，默默聽他在眾人的簇擁中，唱起自己新創作的詩歌，而替他伴奏的人，不是別人，正是大唐當世第一樂手李龜年。

王維的待遇，著實讓我羨慕不已，這更激發了我參加科考的熱情。我想，等到明年科考，我也要一舉奪魁，也要做狀元，然後寫詩，讓李龜年替我伴奏！

登臨泰山

怎奈天不遂人願，就像我之前說的——開元二十四年（西元七三六年）春天的那場洛陽科考，我不但沒能成為第二個王維，還遺憾落榜了。

為此，我羞愧不已，躲在外面好幾天都不敢回家。所謂書到用時方恨少，正式科考的難度與鄉試完全不在一個級別，除了要考儒家經典與詩賦文章，還會涉及國政方針及社會治理等問題，而我這幾年來，光顧著在吳越之地四處遊歷玩耍，對於後者實在是知之甚少。

原本，我以為父親和姑母知道我落榜，一定會對我大加責難，說我不該玩物喪志、荒廢學業之類，可事實並非如此——那時，父親剛調任到東魯做兗州司馬，當他從姑母處得知我落榜的消息後，非但沒有指責，還寫信讓我去兗州找他，說齊魯大地山水甚好，可供我寫詩散心，我還年輕，一次考不中別灰心，來年還可以再考。

父親的話，讓我感動不已，我想，如果不是生在了這樣寬容的家庭裡，如果沒有姑母和父親的反覆勉勵，後來，我也不可能成為一個詩人。

抵達兗州後，在父親的資助下，我又廣泛遊歷了齊魯的很多地方，其中包括孔子的故鄉曲阜。儒學作為我們杜家的家學，能親自祭拜孔子故里，對我來說是朝聖一般的榮耀。

當然，最令我難忘的，還是那次泰山之旅。正是在那裡，我寫出了青年時代最好的一首詩，面對巍峨壯觀的泰山，面對歷代帝王不斷為之加冕的泰山，我想像自己站在群山之巔，恍惚間，竟感到一陣莫名的戰慄，我個人的榮辱得失似乎已變得微不足道，我能聽見四面八方的風，正在向我吹來，也吹向了這個時代，我在詩中如是寫道：

岱宗夫如何，齊魯青未了。
造化鍾神秀，陰陽割昏曉。
蕩胸生曾雲，決眥入歸鳥。
會當凌絕頂，一覽眾山小。

姑母病逝

因為有父親的支持，我在東魯度過了一段「放蕩齊趙間，裘馬頗清狂」的美好時光，直到我二十八歲那年，忽然收到姑母病重的消息，我才急匆匆返回了洛陽。

按照姑母生前的遺願，我把她安葬在了首陽山的家族墓地，並親自為她撰寫了墓誌銘。對於姑母的死，我愧疚不已，這些年，我一直在東魯，只是偶爾才會與身在洛陽的她通信，向她講述我在東魯的種種見聞。她依舊會像往常一樣對我予以勉勵，而每當我問及她的近況時，她總說家裡一切都好，讓我不用掛念，安心陪伴父親即可。

直到某一天，我收到了姑母一封遲來的回信，方才得知她病重的消息。我這才恍然大悟，原來這些年，為了讓我能安心留在東魯陪伴父親，姑母對於自己每況愈下的病情隻字不提，就連這封遲來的回信還是家中下人實在於心不忍，瞞著她寄過來的。

當我趕回洛陽時，姑母已經不在人世了。我幾乎可以想像，她臨終時該是怎樣的孤獨，她一定是在等著我回來，回來和她見上最後一面。然而，她就這麼走了，什麼也沒說。

出於愧疚，也出於感恩，我決定留在首陽山為姑母守孝，以報答她多年來對我辛苦的養育之恩，同時，也是彌補我這些年不在她身邊陪伴的虧欠。

為安葬姑母，我賣掉了她在洛陽的宅子，遣散了她家中僅剩的僕人，並用多餘的錢財在首陽山下買了一處房產，取名為「陸渾山莊」。在那裡，我過起了短暫的隱居生活。

而在我為姑母守孝的第二年，即開元二十九年（西元七四一年），父親也因病辭官，回到了鞏縣老家居住。在預感自己即將時日無多後，他唯一的心願是希望能看著我娶妻成家。

弘農楊氏

這次與父親一起回來的，還有我的繼母盧氏和我的幾個弟妹。自從母親去世後，父親的大部分時間都是和他們生活在一起，而我身為家中長子卻被排除在外。

每每想到這些，父親都慚愧不已，所以對於我的婚事，他顯得格外上心。

「我兒今年虛歲有三十了吧？」躺在病床上的父親問道。

「是的，父親。」我說。

「古人云『三十而立』，你也該成個家了，從前你母親去世得早，現在你姑母也走了，倘若以後我再一走，你在世上可就孤單了。」父親不無傷感。

「您可別這麼說。」

「那你說說，近來可有看上的哪家姑娘嗎？」父親問。

「沒有。」我搖了搖頭。

近來，我一直在首陽山下潛心讀書，每日為姑母掃墓，直到幾天前為了照顧生病的父親才又回到鞏縣，對於男女之事，實在是無所關心。

「如此甚好，那我現在想介紹一門親事給你，你可願意？」父親笑了笑，說道。

「全憑您做主。」我看了看父親，默默點頭。

於是，在那一年的秋天，經父親的介紹，我迎娶了他的好友司農少卿楊怡的女兒楊瑩，她比我小十歲，初見她時，輕靈中仍帶著幾分稚氣，偶爾還會害羞地紅起臉來。

楊瑩和她爹一樣，來自大名鼎鼎的弘農[37]楊氏——包括漢代大儒楊震，及後來的楊彪與楊修父子，都出自這一家族，甚至連前朝的大隋皇族也聲稱自己是弘農楊氏的後代，而日後被玄宗皇帝集三千寵愛於一身的貴妃楊玉環，也同樣出自這一家族。

能親眼看著我和楊瑩成親，父親高興不已，用他自己的話說，我和楊瑩這叫門當戶對、郎才女貌，將來一起生兒育女，必定能夠進一步光耀我們杜家的門楣。

陸渾山莊

我記得那年，河南大地上的莊稼迎來罕見的豐收，百姓們為此歡欣鼓舞，我和楊瑩婚宴那天也因此格外熱鬧，方圓幾里的街坊鄰居都帶著好酒好菜來道喜。父親也不

[37] 今河南靈寶一帶

顧有病在身，堅持要與鄉親們痛飲，我無可奈何，只得隨他去了。

然而，正是這次婚宴上的痛飲，進一步加劇了父親的病情。僅一個月後，他就因病離世了，他和我的姑母一樣，都死於同一種肺病——這似乎成了我們家族的遺傳。

恍惚，到了天寶五載（西元七四六年）的春天，父親去世的第五年，我與李白分別的第一年，在接連遭受親人離去之後，上天總算對我開了一次眼——那一年，我和楊瑩的第一個孩子宗文出生了，那時的我已經三十四歲，終於也成為一個父親。

自父親去世之後，我便把鞏縣的杜家老宅留給了繼母盧氏和弟妹，自己則帶著楊瑩一起搬到了首陽山下的陸渾山莊居住。此後，我和繼母一家就再未主動聯繫過了。

而所謂的「陸渾山莊」，其實也就是幾間茅草搭成的房子。那時候，由於失去了父親的資助，且眼見家中積蓄日漸微薄，為了生計，我不得不經常往返於洛陽與首陽山之間，只為能謀個吃飯養家的小差事，但每次都無功而返。

至於楊瑩，這位昔日的高門大小姐，則讓我感動不已，她不但不嫌棄我窮，甚至還自己學會了種菜、織布，補貼家用。面對如此賢惠的妻子，看著她的纖纖玉手，因勞作而生出老繭，我更加於心不忍，慚愧之餘，改變現狀的決心也更加堅定。

而真正迫使我做出改變的，就是我第一個孩子宗文的出生。回想起我散漫的青年時代，我不想讓他也像我一樣荒廢半生，他必須過上更好的生活，我也必須為之努力。

初入長安

在宗文滿月不久後，我便正式啟程前往長安了。抵達長安前，我先把楊瑩母子託付給了在奉先[38]做縣尉的舅父家照看，奉先離長安不遠，我心想著等我在長安科考高中，生活安定之後，就把母子倆一起接過來居住。否則像現在這樣一窮二白，即使到了長安，兩人也只能跟著我一起擠客棧，繼續吃苦受罪，更何況宗文才剛出生，我實在於心不忍。對此，楊瑩雖有不捨，但也表示理解。

[38] 今陝西蒲城附近。

天寶五載（西元七四六年）的長安，依舊是普天之下最偉大的城市，比之洛陽有過之而無不及。從朱雀大街到大雁塔，熙攘喧鬧的東、西兩市，金髮碧眼的胡商隨處可見，各種異域珍寶匯聚其間，從波斯來的白美人、天竺來的崑崙奴，甚至是從更遠地方販運來的黃獅與白象，全都像五光十色的飛天壁畫一樣，彰顯著我大唐前所未有的璀璨與繁華。

記得我與李白同遊東魯時，他也常對我說起長安。

那時，李白由於剛被玄宗「請」出長安，未得重用，正滿肚子的委屈與不忿，對於長安也多是指責與抱怨之詞，與他在詩裡所描述的那個雍容華貴的長安，完全不同。

在那時的他看來，我所嚮往的長安，也沒什麼大不了，裡面同樣充斥著虛假與爭鬥。

「那長安城裡就沒有半點好的？」我問。

「有。」他說。

「有什麼？」

「那裡的女人啊。」

李白望著天上那輪閃閃發光的圓月，微醺的臉上浮現出一絲淺笑，淡淡地說道。

或許是因為我那時還年輕，閱歷尚淺吧，還不能理解李白言語背後的深意，對於那時的我來說，人生中第一次來到長安，這裡的一切都讓我好奇不已。

花間酒樓

來長安的第一年，令我印象最深刻的，當屬四月在東市舉辦的一次宴會。

那時，有個叫焦遂的富商在東市新開了家叫花間樓的酒樓，作為長安城裡最大的一家私人酒樓，它足足蓋了六層高，吃喝玩樂，無所不包，無所不有。

為了慶祝這一盛事，焦老闆不惜花重金舉辦隆重的開業慶典，同時，他還宣布開業當天前一百名到店的顧客，均可享受豪華午餐及酒水半價優惠。

他的這一舉動，幾乎吸引來了半個長安城的名流和酒鬼。很自然地，我也早早趕到現場：一來是我到長安也好幾天了，太久沒吃頓好的了，怕去晚了就錯過優惠；二來也是為了一睹長安城中「大人物」們的風采與神韻，沾沾福氣。

當天的開業慶典也沒有讓我失望，我不僅成功拿到優惠券，還有幸得見了前來捧場的汝陽王李璡、左相李適之、齊國公崔宗之、草聖張旭等人，要知道這些人平日可都是皇帝身邊的紅人，高居廟堂之上，一般小老百姓根本無緣得見。我想，這也是長安的魅力所在吧。在這樣一座用美酒與詩歌澆築出來的都城裡，人們不會因為身分的貴賤而疏遠隔閡，相反，只要有一罈好酒，所有人就能聚在一起推杯換盞，開懷暢飲，談天說地。

比如花間樓的老闆焦遂，就是一個很好的例子。身為士農工商中最末流的「商」，他在長安默默打拚多年，從未做過一官半職，卻沒有因此被士人階層所歧視。相反，他還憑藉著自己風趣健談的性格，與長安城裡的很多達官顯貴都成了知己酒友——若非如此，他花間樓的開業慶典也搞不出那麼大的排場來。

我記得，當時在長安城有八個因喝酒而聞名的人，他們被統稱為「飲中八仙」，其中就有焦遂，除了他，此次來參加開業慶典的李璡、李適之、崔宗之、張旭也在其列，另三個人還包括已經告老還鄉的賀知章和已經去世的蘇晉，以及正在東魯修道的李白。

飲中八仙

「飲中八仙」可以說是撐起了大唐酒罈的半邊天，關於他們嗜酒如命的放誕故事，在長安城裡幾乎無人不知，無人不曉。想到這些，我身為一個酒罈後輩，自是難掩激動。

於是，那天在開業慶典的現場，幾杯熱酒下肚後，我忽然詩興大發。

面對觥籌交錯的酒桌、盛裝出席的賓客、喧嚷華麗的歌舞、豐盛美味的佳餚，所有的一切在我看來宛若一場流動的盛宴，我終於按捺不住，猛地從座位上站起。

「躬逢盛會，豈能無詩？我願為諸公即興賦詩一首，以示仰慕，不知可否？」我大聲說道。

此言一出，現場頓時安靜下來，所有的歌舞聲、酒杯聲、人群的喧嚷聲，都彷彿瞬間消失一般，甚至連我周圍的空氣都陷入了短暫的尷尬與沉默。

那一刻，所有人的眼睛都齊刷刷地望向了我，充滿了驚奇與疑惑。

「行吧，那你便讀來，與我們聽聽。」見多識廣的汝陽王率先打破了沉默。因為有了汝陽王的默許，我開始大聲讀起我的即興創作來，詩云〈飲中八仙歌〉，全詩如下：

知章騎馬似乘船，眼花落井水底眠。
汝陽三斗始朝天，道逢麴車口流涎，恨不移封向酒泉。
左相日興費萬錢，飲如長鯨吸百川，銜杯樂聖稱避賢。
宗之瀟灑美少年，舉觴白眼望青天，皎如玉樹臨風前。
蘇晉長齋繡佛前，醉中往往愛逃禪。
李白斗酒詩百篇，長安市上酒家眠，天子呼來不上船，自稱臣是酒中仙。
張旭三杯草聖傳，脫帽露頂王公前，揮毫落紙如雲煙。

焦遂五斗方卓然，高談雄辯驚四筵。

聽完我的詩後，左相李適之第一個帶頭鼓掌叫好，他還說我後生可畏，頗有當年李太白初入長安時的風采，令我欣喜不已。

當然，最欣喜的人還是焦遂，因為我把他也寫進了詩裡，並公然把他與另七位大唐頂級名人相提並論，而這首詩也恰好應景，簡直就是為他花間樓量身打造的活招牌。

焦遂當即表示，我日後若來他店裡消費，所有酒水一律打八折。

左相遭貶

因為一首〈飲中八仙歌〉，我總算是在長安的酒鬼圈子裡有了點小名氣。

焦遂甚至還花重金請了草聖張旭，把我的詩用綢布抄錄下來，掛在他花間樓的門口供過往的顧客瞻仰觀賞。而這，也構成了我對長安的初步印象——有詩，有酒，有夢，我將在此闖出一片自己的天地，我要把楊瑩母子也接到這裡。

當然，此次宴會上最大的收獲，還是得到了左相李適之的賞識，這讓我本來沒什麼把握的科考之路，似乎一下子也變得明亮起來。

在大唐，學子們參加科考之前，一般會先攜帶自己的詩作前往名人前輩的府邸謁見，以期獲得稱許或引薦，並以此提高自己的知名度和科考錄取機率，俗稱「干謁」。像李白、王維都這麼做過，以自己的詩才獲得權貴的青睞，謀個一官半職，學有所用，不丟人。

說到干謁，我最先想到的人，自然就是在花間樓帶頭為我鼓掌叫好的左相李適之。那時，距離張九齡罷相已經過去了十年，十年來，玄宗將朝中事務全權交由右相李林甫管理，而李林甫則利用職務之便，不斷排除異己，致使朝堂群臣敢怒不敢言。

李適之身為左相，同時也是李唐皇族宗室——太宗文皇帝的曾孫，本來是唯一有機會與李林甫取得平衡的人，但由於他本人追隨魏晉風度，生性自由，又偏愛飲酒，對朝政之事實在是沒有多少熱情，也就懶得與李林甫爭權了。

然而，即使是這樣，李林甫還是不肯放過他，畢竟他李適之身兼左相，每天喝得不省人事，拿著朝廷俸祿，消極怠工，實在是對他李林甫最大的嘲諷。

最終，在李林甫的讒言下，玄宗以酗酒怠政的罪名把李適之貶到了盛產美酒的宜春做太守。而李適之被貶，也就意味著我的干謁之路算是沒戲了，關於未來也只能另做打算。

野無遺賢

天寶六載（西元七四七年），李適之被貶出長安的第二年，身居朝堂日理萬機的李林甫，仍沒有忘記他的這位老朋友，並派人在宜春盯著李適之的一舉一動。

當得知李適之到宜春後，仍不知收斂，每日與一堆文人歌女飲酒作詩，好不快活，李林甫心頭的嫉恨之火莫名燃燒，並最終決定斬草除根。他授意黨羽誣告李適之與皇室外戚結黨營私，蓄意謀反，逼得李適之憂憤成疾，不久就自盡身亡了。

同樣是在那一年，我迎來了進入仕途的又一個機會——玄宗皇帝下詔，天下凡通一藝者，皆可來長安參加制舉，擇優錄取，授予官職，共同參與大唐盛世的建設工作。

此道詔令一出，天下學子欣喜若狂，我也不例外。來長安一年多，我終日委身於客棧，帶來的盤纏早已所剩無幾，只能靠著早年讀過的幾本醫書，去街市替人看病賣藥，換幾個小錢，勉強維持一下生活。

現在好了，當我正打算放棄漂泊，前往奉先與家人團聚時，大唐的聖明天子居然直接越過了達官顯貴們設定的重重壁壘，親自下詔，為自己的朝堂招攬人才。我身為大唐的子民，又怎能辜負於他的恩情，自然是欣然應舉了。

有了上一次科考失利的教訓，此次應考我自是有備而來，相信憑我「七齡思即壯，開口詠鳳凰」的天資，以及「讀書破萬卷，下筆如有神」的勤奮，進士及第是遲早的事。

然而，殘酷的是，現實再次給了我沉重的一擊。負責主持這次制舉的主考官李林甫，這個靠著自己的皇室遠親身分入仕的半文盲，擔心新的人才進入朝堂會搶了他的位子，竟向玄宗皇帝進言，說什麼「野無遺賢」——因為這四個字，天寶六載的那次制舉，所有考生全部落榜了，同樣，我也不例外。

宗武出生

制舉雖然落榜了，但生活還是要繼續。那時，心有不甘的我，又在長安蹭蹬了一年多，每天是「朝扣富兒門，暮隨肥馬塵」，只盼著能得到某個達官顯貴的賞識，好拉我一把，乃至舉薦我入朝為官，幫我改變現狀。可是我跑遍了整個長安城，始終一無所獲，與我當初在洛陽謀生的經歷如出一轍。

直到天寶七載（西元七四八年）的冬天，山窮水盡的我，差點餓死在客棧，所幸的是韋濟和鄭虔兩位叔友得知情況後及時趕到，才幫我撿回了一條命。也是在他們的建議下，我才最終決定不再掙扎，並趕在冬至前，厚著臉皮返回奉先與家人團聚。

韋濟和鄭虔都是我父親生前的舊交，同時，也是我在長安為數不多能說上話的人。其中，韋濟已經六十多歲了，算是朝中老臣，當時他官居尚書左丞，也是我在長安拜訪的眾多前輩之一，我在長安時寫過很多詩歌給他，來表明我心中的志向。

儘管韋濟在看了我的詩歌後，或許是出於對後輩的疼愛，又或許是出於對我赤誠之心的感動，對我的詩歌讚不絕口，但礙於李林甫把持朝政，對引薦我入朝為官之事，他也是有心無力，只是耐心安撫我，讓我先回家等待，並答應只要時機成熟，定會為我引薦。

返回奉先後，經舅父和舅母的幫助，我和楊瑩再次過起短暫的隱居生活。對於我的落榜，家人並未過多說什麼，畢竟我在長安漂泊三年未歸，宗文都從一個只會吃奶哭喊的嬰兒，變得可以下地叫爹了，他們對我，更多的是想念。

值得慶祝的是，在一年之後，我和楊瑩的第二個孩子出生了。回想起兩次科考落榜的經歷，我深感詩賦文章實乃誤人子弟，便索性替他取名為「宗武」，希望他能像祖先杜預一樣成為一代名將，為大唐拓土開疆、建功立業，才是人生的康莊大道。

獻大禮賦

天寶九載（西元七五〇年），我的仕途才再次迎來轉機。那年的年末，長安的韋濟寫信給我，說玄宗皇帝為慶祝自己登基四十年來的輝煌政績，將於來年正月在長安太清宮、太廟及南郊分別舉行祭祀大典，以此告慰歷代宗廟及天地神靈，倘若我能提前寫幾篇頌揚祭祀大典的禮賦，到時他就有機會引薦我入朝。

果然，韋濟沒有食言，他的信重新燃起了我對詩賦文章的信心，更何況宗武的出生，讓家裡又多了一張吃飯的嘴，我總該為孩子和家庭考慮。由是，年近四十的我，為了減輕家庭負擔，埋頭苦思多日，終於寫出了一篇〈朝獻太清宮賦〉，並再次動身前往長安。

抵達長安後，我利用祭祀大典前的空隙，耗盡畢生所學，又接連寫出了〈朝享太廟賦〉、〈有事於南郊賦〉，從周書禮樂談到孔孟先賢，從古今興替談到蒼生社稷，堪稱包羅萬象。

韋濟在看完我的三篇大禮賦後，甚至直接驚呼我為「天才」，並表示引薦的事穩了。

此外，這次回長安，我又重新見到了鄭虔，此時的他，因為在詩書畫三方面的傑出才華，成功地引起了玄宗皇帝的注意，玄宗稱讚他為「鄭虔三絕」，並專門為他設定廣文館，升任他為廣文館首任博士，類似大學教授的職務，鄭大哥也算是就此熬出頭了。

天寶十載（西元七五一年），正月初八那天，祭祀大典如期舉行。此次大典總共持續了三天，身在長安的百官貴戚、四夷首領、外國使節及周邊百姓悉數參與，我自然也在其中。而我的大救星韋濟身為尚書左丞，同時也是大典的實際策劃人之一，在他的安排下，我所寫的三大禮賦竟被祭祀官當成祭文，在現場當眾宣讀。

更神奇的是，玄宗聽完後還大加讚賞，他特別下詔，令集賢院對祭文作者，也就是我，進行單獨考核，如若考核通過，便可直接授予官職。

為此，我喜不自勝，跪拜於地，三呼萬歲。

東平郡王

遺憾的是，儘管我費盡了周章，天寶十載的那次集賢院考核，我依舊未能順利通過，僅是獲得了一個待用候補的資格，不為別的，只為那次的主考官不是別人，仍是那個口蜜腹劍的李林甫。真可謂冤家路窄，我這一生算是毀在他的手上了。

至於韋濟，因為未經李林甫同意，擅自在祭祀大典上推薦我的文章，引起了李林甫的極度不悅，加之他平日在朝堂上對李林甫也多有頂撞，致使李林甫對他的反感越發強烈，大典結束沒多久，他就被貶出了長安，前往馮翊[39]做太守，幾年後就在任上病逝了，享年六十八歲。他是在長安少數給予過我幫助的前輩，對此我很感激。

也是在天寶十載的正月，一個叫安祿山的粟特人，被玄宗皇帝正式冊封為東平郡王，身兼范陽、平盧、河東三鎮節度使，這個看上去頗為憨厚的胖子，不但深得玄宗的信任，手握重兵，還被小他十六歲的貴妃楊玉環收為義子，在朝中的權勢僅次於李林甫。

那時，距離玄宗登基已經過去了四十年。四十年來，大唐國力蒸蒸日上，百姓

[39] 今陝西大荔。

安居樂業，天下承平日久，他也早已從當初那個勵精圖治的青年天子，變成了一個六十六歲的白頭老翁，終日陶醉於自己所創下的文治武功，彷彿身為帝王人君，他的一生已然圓滿。

於是，他開始渴望追尋普通人的快樂與幸福；於是，他遇到了貴妃楊玉環。

天寶十載，距離玄宗初次把貴妃接進宮中，正好過去了十年，距離安祿山起兵造反也只剩下四年時間，而隨著安祿山權位的不斷攀升，他潛藏的野心也在不斷膨脹。

但是這些，對於已然厭倦朝政且志得意滿的玄宗來說，自然是無法察覺的。

率府兵曹

因為李林甫的緣故，我又回老家候補了幾年。直到天寶十四載（西元七五五年），也就是李林甫去世三年之後，我才終於得到了吏部傳來的任命文書。

那時，我已經四十三歲了，距離我第一次去長安應考，已經過去了近十年的時間。而就在我接到任命文書不久前，楊瑩再一次懷孕，也就是說我們的第三個孩子要出生了。

起初，朝廷任命我為河西尉，我以河西路遠及家中妻兒需要照料為由，拒絕了此職。沒曾想到朝廷竟開恩，又轉任我為右衛率府兵曹參軍，即皇家儀仗隊倉庫管理員的工作，雖然也是個九品小官，但好歹是京官，在長安辦公，離奉先的家也更近。看著一天天長大的宗文和宗武，看著再次懷孕的楊瑩，為了給他們更好的生活，我最終接受了這一任命。

由此，為了家人，我一狠心，揮別了有孕在身的楊瑩，揮別了宗文宗武和舅父舅母，再次動身獨自去了長安，並開始了我那短暫而卑微的仕途生涯，這一待又是大半年的時間。

那時，我每天的工作就是負責清點及登記各種進出的儀仗兵甲器械，因為皇家儀仗，規制繁復，數量眾多，所以我總有做不完的活。我每天按部就班，兢兢業業，做著這項重複且枯燥的工作，只為能早點拿到俸糧，然後就能回家探望家人。

可惜天公不作美，那年關中缺雨，糧食歉收，直到臨近冬日，我才領到了一筆微薄的俸糧，並迎來短暫的假期。好不容易休假的我，第一件事便是背著剛到手的俸糧，迫不及待地往奉先趕——因為早在兩個月前，楊瑩就寫信來告訴我說，我們的第三個孩子已經順利出生了，且母子平安，讓我抽空回去看看，順便也替孩子取個名字。

得知這一消息，我欣喜不已，心想老天待我還算不錯。

赴奉先縣

天寶十四載的十一月，我在處理完率府的日常工作後，就獨自踏上了前往奉先省親的路途，那時距離安祿山造反，還有不到一個月的時間，但大唐的危機已然顯現。

返回奉先的途中，我路過了驪山，山上的華清宮是玄宗皇帝經常遊玩的地方，自從天寶四載，楊玉環被正式冊封為貴妃，玄宗就更加不問政事，終日與貴妃在山上歌舞嬉戲。

聽著從驪山上傳來的歡歌笑語，恍若陣陣靡靡之音，想到此時長安城附近的百姓正因為糧食歉收而忍饑挨餓，我的心頭百感莫名。但我只是一個芝麻綠豆小的倉庫管理員，人微言輕，即使想勸諫天子，恐怕他也不會見我。無可奈何，我只得繼續趕路回家。

然而，我才剛到家，一個噩耗便給我了迎頭一擊——我還沒取名字的小兒子居然餓死了！楊瑩為此痛哭不已，責問我為什麼現在才回來，說家中已經斷糧多日，那麼多人要吃飯，她根本就沒有奶水來餵養小兒子，只能眼睜睜地看著他活活餓死！

我連忙將背上不多的俸糧拿出，交給舅父舅母去廚房做飯，並向楊瑩和孩子們道歉。是我不好，我回來晚了，讓大家受苦了。同時，我心中的憤恨也開始滋長——我想起路過華清宮時聽到的那些歡歌笑語，憑什麼那些所謂的王公貴族就可以終日高高在上、吃香喝辣，而我們普通人家卻只能挨餓受凍、承受苦不堪言的命運？

為此，剛剛遭受喪子之痛的我，伏案疾書，寫出了一首滿懷悲憤的長詩〈赴奉先縣詠懷五百字〉，其中有句叫：「朱門酒肉臭，路有凍死骨。」

長安被囚

不久之後，安祿山就在范陽與他的好兄弟史思明共同起兵造反了。我想，或許他也是看不慣那群終日在他頭上作威作福的所謂王公貴族了吧。

然而可惜的是，安祿山造反並不是來為民請命，而是為了他自己的欲望和野心。且和李唐的王公貴族們比起來，安祿山顯然更加殘暴，他的大軍一路南下，燒殺劫掠，所到之處皆血流成河，致使沿途州縣的百姓怨聲載道，視之如魔鬼羅剎，無不望風逃竄。

兩相比較，當今天子雖然老邁昏聵，但好歹也曾給予了百姓四十餘年的太平生活——有鑒於此，百姓依舊是心向著大唐的，而我也堅信，只要天子重新振作起來，大唐的官軍必定能夠迅速掃平叛逆，讓天下重歸安定，讓百姓重享太平。

但形勢終究沒有按照我的願望發展。第二年的正月，東都洛陽失陷，安祿山在洛陽登基稱帝，定國號為「燕」，正式與玄宗分庭抗禮。

惱羞成怒的玄宗，理智頓失，昏招頻出，先是連斬高仙芝和封常清兩員大將，接著又在準備不足的情況下，逼迫老將哥舒翰出潼關，致使唐軍慘敗，潼關隨即被叛軍攻陷。

潼關是長安的門戶，潼關陷落之後，長安城裡人心惶惶。玄宗則在新任右相楊國忠的建議下，拋下了無險可守的長安城及城中上百萬的臣民百姓，在三千神武軍護送下，帶著一眾王公貴族，連夜倉皇逃奔去了蜀地，而把前線平叛的重任留給了兒子肅宗。

那時，我為了躲避戰亂，沒有立刻回長安履職。直到當年的八月，得知肅宗已在靈武登基，並遙尊在蜀地的玄宗為太上皇，我才重新燃起了對大唐的信心。

於是，我再次揮別妻兒家屬，獨自踏上了前往靈武的道路。但是很不幸，我剛走到半路，就被叛軍抓獲，並被押解去長安囚禁了起來。當時與我一起被囚禁的還有我的好朋友鄭虔，以及王維和儲光羲等來不及逃跑的大臣。

投奔肅宗

國破山河在，城春草木深。

那時的長安城已被戰火焚毀殆盡，根本不適合居住，且郭子儀和李光弼已在河北等地組織唐軍發動反攻，為了便於在前線督戰，安祿山最終還是搬回了洛陽。

隨後，一眾被他抓獲的唐臣也跟著被押去了洛陽，而我則趁著叛軍回撤，人多手雜的空當，悄悄逃脫了。或許是我官卑職小吧，在我逃跑的路上，竟沒有叛軍追擊我。

就這樣，我獨自一人穿過了兩軍對峙的前線，向北方肅宗所在的靈武一路狂奔。在狂奔的路上，我看到了無數百姓因戰亂而成為流民，他們居無定所，衣不蔽體，到處都是婦女和嬰孩的啼哭，那哭聲在我耳邊迴盪不止，讓我想起遠在奉先的妻兒，我已經很久沒收到他們的消息了。身為丈夫和父親，我是失職的，但身為大唐的臣子，遭逢突如其來的亂世，我豈能置身事外。畢竟唯有大唐安定，我和妻兒的生活才能安定，不是嗎？

由此，抱著義無反顧的決心，我幾經波折，終於平安抵達了靈武。但上天似乎是有意要磨礪我——守城的將士告訴我，肅宗已不在此地，改去鳳翔了。無奈，為了早日跟上他們，我只得繼續徒步數日，雙腳都磨出了老繭，餓得兩眼發昏、骨瘦如柴，總算是見到了皇帝。

看著蓬頭垢面、狼狽不堪的我，皇帝感動不已。

「你真的是杜甫？」皇帝問。

「是。」我說。

「是那個寫出三大禮賦的杜甫？」

「是。」

「你怎麼會搞成這副模樣？」皇帝似乎不敢相信。

有感於我一路北上投奔的赤誠與執著，皇帝升任我為左拾遺，比當初的率府兵曹參軍要高出一個品級，更重要的是，可以陪在皇帝身邊建言獻策。

朝大明宮

第二年，即至德二年（西元七五七年）正月，前線的戰事終於迎來轉機，安祿山被兒子安慶緒殺害，之後，安慶緒登基做了偽燕新皇帝，叛軍因此陷入內亂。

肅宗看準時機，向各路唐軍釋出反攻詔書，郭子儀、李光弼等人紛紛響應，指揮失衡的叛軍節節敗退。九月，長安收復；十月，洛陽收復，安慶緒無奈率領殘部北上，逃奔相州鄴城。而遠在范陽叛軍大本營的史思明得知消息後，迫於形勢，選擇上表重新歸復了大唐。至此，除安慶緒盤踞的相州外，大唐的大部分土地都得到了收復。

十一月，肅宗率領著文武百官重新返回了長安，玄宗也在隨後返回。

肅宗對此次參與平叛的大臣進行了論功行賞，同時，也對在戰爭期間投降偽燕政權的大臣進行了清算，我的好友鄭虔與儲光羲等人均被貶往外地，再也沒有回過長安。

只有王維，因為在任職偽燕期間寫過心向大唐的詩歌，且他的兄弟王縉在平叛中立下軍功，表示願以軍功和官職為兄抵罪，使得他成為少數沒有被貶出長安的大臣。

回到長安後，我繼續擔任左拾遺的職務，並與王維、賈至、岑參等人結交。記得那是在乾元元年（西元七五八年）的春天，某次上完了大明宮的早朝後，經中書舍人賈至的提議，我們幾人相約一起寫詩，以慶賀大唐兩都收復之喜。

我已經忘記自己當時寫過什麼了，但王維的那句「九天閶闔開宮殿，萬國衣冠拜冕旒」，我至今不忘。我覺得他寫出了真正的盛唐氣象，那是他的盛唐，也是我們所有人的盛唐。

訪王摩詰

乾元元年（西元七五八年）夏，長安郊外，微風徐徐，蟬聲初起。應王維的邀請，我前往他的輞川山莊拜訪，並有幸認識了他的好友崔興宗、裴迪等人，他們幾人相聚於此多年，閒暇時，過著魏晉名士般的隱逸生活。

「子美也懂佛？」王維一邊為我沏茶，一邊問我。

據說為了躲避安祿山的招降，他曾吞食過啞藥，致使聲帶受損，嗓音聽起來十分沙啞。

「略懂而已。」我笑了笑，答道。

看著此時正坐在我對面的王維以及他身後的佛像，我竟忽然有些走神。我想起開元年間，在洛陽酒樓第一次見到他時的情景，那時的他與我相距甚遠，他在眾人的圍繞與簇擁中，是何等的意氣風發，他用洪亮的嗓音唱起自己新作的詩歌，座下掌聲雷動，喝采不斷。他曾是包括我在內的無數學子追慕的偶像與榜樣。

然而，現在的他，似乎早已沒有了當初的精神氣，變得沉默而寡淡了，這多少讓我有些傷感。我知道，安祿山的叛亂對他的打擊肯定很大，也許遠離朝堂的隱居生活，對他來說，未嘗不是一種治癒和解脫，就像他在詩裡說的：「一生幾許傷心事，不向空門何處銷。」

為此，這次的輞川相會，我們之間並沒有過多地提及朝堂之事，更多的是喝茶聊詩。崔興宗和裴迪當時也在場，他們身為陶淵明的共同信徒，甚至勸我也一起加入。但是我做不到，一是家中妻兒老小還有待我去撫養，二是大唐戰亂未平，我怎能貪圖個人安逸？

臨近告別時，王維與友人一起為我送行，王維看了看我，他知道，我是個熱誠而篤定的人，不達目的是絕不會罷休的，屬於他的時代已經過去了，未來是屬於我這一輩人的，儘管他的語氣有些失落，但他還是希望我能為大唐帶來一些改變和新意。

宰相房琯

然而後來的事情，終究還是沒有按照王維和我自己希望的那樣發展——從輞川山莊回來沒多久，我就因為牽扯進房琯罷相的案子而遭到貶謫。

這個房琯是名相房玄齡的姪孫，出身高門子弟的他，頗有先祖遺風，且文采風流，與朝中文士亦多有往來。他的偶像是戰國時的孟嘗君，為此，他在府上豢養了很多才華橫溢的門客，我初到長安時，他也曾短暫接濟於我，我們便因此而相識。

後來安祿山造反，他隨玄宗出逃蜀地，因為一路上對玄宗照顧有加，玄宗頗為感動，直接升他為同平章事，也就是宰相。肅宗在靈武登基之後，他更是被玄宗選為欽差，全權代表玄宗去靈武宣旨，承認了肅宗繼位的合法性，他也因此留在肅宗身邊，繼續充任宰相。

倘若是這樣也就罷了，偏偏這個房琯並不滿足僅在朝堂理政，面對大唐當時的危局，他一介文人，且毫無作戰經驗，居然向肅宗申請上前線領軍平叛。肅宗當時對房琯的軍事能力也不了解，但見他如此自信和執著，竟欣然同意，還給了他幾萬兵馬去往前線，與郭子儀、李光弼等人匯合，共同參與收復兩都的戰役。結果呢，郭、李指揮的大軍是節節勝利，唯獨房琯的軍隊損兵折將，敗仗連連，最終又被召回了長安。

經此一事，朝中不少人開始對房琯不滿，覺得他志大才疏，實難堪當宰相之位，紛紛上疏請求罷免房琯。但肅宗念其當初赴靈武宣旨有功，且當時天下未定，正是用人之際，所以並未過分追究，只是他與房琯的關係也就此疏遠了。

再後來，郭子儀成功收復兩都，情況又不一樣了。那時肅宗的帝位已初步穩定，為了進一步鞏固自己的權力，他開始對父親玄宗朝的舊臣進行「清理」，其中也包括房琯。

董大受賄

後來很多人說，我和房琯就跟李白一樣，都不過是李唐皇室權位鬥爭的犧牲品，但當時的我身為局內人是看不到這些的，我只能根據我所看到的事實來做決定。是的，我怎麼也不敢相信曾經以重義輕財著稱的房琯，最後竟會因為一場受賄案牽連被貶。

事情的經過是這樣的，在房琯豢養的眾多門客中，有一個叫董庭蘭的人，別名「董大」，是當時一位非常有名的琴師，幾乎和李龜年齊名，高適的那句「莫愁前路無知己，天下誰人不識君」就是寫給他的。或許是應了高適的這句詩，早年一直窮居山林的他，晚年竟得到了房琯的賞識，被招入宰相府中，過上了衣食無憂的藝術家生活。

正因有房琯的賞識和推薦，董大很快就成了長安城裡的紅人，被京城貴冑們爭相邀請去府中表演。但藝術家畢竟是藝術家，心智比較單純，又喜歡交朋友，他哪裡看得懂這背後複雜的政治與人情世故，甚至都不知道邀請他的人裡有不少是房琯的政敵。這些人一面瞞著房琯請董大吃喝玩樂，送金贈玉，另一面則偷偷向肅宗告房琯的狀，說房琯的門客倚仗主人權勢，四處結交朋黨、貪汙受賄，房琯對其不但沒有嚴加管束，反而大肆縱容，屬於嚴重的徇私枉法行為，理應著重治罪。

於是，不久後，面對一堆彈劾房琯的奏疏紛至沓來，肅宗下詔歷數了房琯「連戰連敗」、「縱容受賄」及「怠慢朝堂」等多項罪名，並罷免了他的宰相職務，貶為邠州[40]刺史。

眾所周知，自父親玄宗從蜀地返回長安後，肅宗為鞏固自己的帝位，已接連貶謫

[40] 今陝西彬州一帶。

了多位父親的舊臣，此次的董大受賄案，也只不過是他想要換掉房琯的一個藉口。

但是偏偏，我沒有看出其中的門道，非要犯顏直諫。因為身為左拾遺，遇到不公之事，向皇帝諫言本就是我的分內之事，不然就是怠忽職守。

諫言獲罪

因為房琯的事，我接連上了多道奏疏，認為董大受賄一案目前尚未查明，且房琯身居宰相要職，平日工作也一直認真負責，偶有過失就貿然罷免，處罰過重，恐難服眾。

「你與房琯是舊交，當然是替他說話了。」朝堂之上，肅宗輕蔑地說道。

「陛下所言差矣，微臣只是秉公直言，房琯罪不至此。」我說。

「僅至德元年（西元七五六年），陳陶[41]一役，房琯致使我方全軍覆沒，損失精銳四萬餘人，這還叫罪不至此？」肅宗反問道。

「戰場勝敗之事，應從多方考量，並非房琯一人之責。」我說。

「不是他房琯一人之責，難道還是朕的責任不成？」肅宗再次反問。

頓時，朝堂陷入了沉默，空氣安靜得可怕，我再也不敢說話了，我總不能指責皇帝吧。

於是，幾乎當場大怒的肅宗，隨即將我下詔入獄，並派張鎬、顏真卿等人對我進行三司會審，非要揪出我的若干罪證，再將我依法嚴懲不可。我感覺自己離死期不遠了。

其中，張鎬身為我的案件主審人，那時已經接替房琯成了新任同平章事。

據說，張鎬早年是經楊國忠的引薦才得以入仕，後來楊氏兄妹在馬嵬驛兵變中喪生，他又投奔肅宗，因在平叛中立下大功，頗得肅宗的賞識。

我原以為經奸相引薦之人，必定也是奸險之輩，張鎬必定會對我廣羅罪名，再大

[41] 今陝西咸陽附近。

加懲處一番，但萬萬沒想到，此人不光打仗在行，同時也是個秉公執法的好官。

「烽火連三月，家書抵萬金。這句詩是你寫的吧？」牢房之外，張鎬問我。

「是。」我說。

「你的這句詩可是激勵了前線的不少將士啊。」他笑了笑，說道。

我看了看他，沒有說話。

「回家好好寫詩吧，朝堂的水很深，不適合你。」他說。

之後，張鎬又仔細查閱了我的履歷和卷宗，發現我並無大過，且一直是個忠於職守的本分人，至於在朝堂之上頂撞龍顏，也只因一時魯莽所致。為此，與我並無深交的他，竟向肅宗上表將我赦免，僅以「頂撞朝堂」之名，貶我為華州[42]司功參軍。

[42] 今陝西渭南一帶。

鄴城慘敗

因為張鎬的幫助，乾元元年（西元七五八年）的六月，我重新回到了奉先。奉先是華州的下轄縣，同時也是華州官署所在地。經歷了房琯一事後，我對朝堂已經不抱什麼大的希望了，決定此後安心做個華州司功參軍，業餘時間就多寫寫詩、陪陪家人，想來這樣的生活儘管有些平淡，可也不失為一種美好。

然而，世道終究未能如我所願，轉眼到了第二年的春天。那時，我趁春光正好，帶著楊瑩和孩子們一起回洛陽的首陽山祭祖掃墓，並打算留在陸渾山莊小住幾日再回去——畢竟我這個小小的司功參軍平時也無太多公務可供忙碌。誰知我們才到洛陽，剛穩定沒多久的河北前線就再次陷入了動盪。

郭子儀與李光弼等九鎮節度使，奉朝廷之命集結二十餘萬大軍，圍剿身在鄴城的安慶緒。彈盡糧絕的安慶緒被逼無奈，只得向身在范陽的史思明求援，使得本已歸降的史思明再次反叛。結果，叛軍與唐軍在鄴城外的安陽河畔展開了大戰。唐軍方面，由於軍權已被肅宗委派的監軍魚朝恩把持，指揮排程一再失誤，導致唐軍在人數占優的情況下，依然遭遇慘敗。之後，史思明進入鄴城，並以弒父殺君的罪名鴆殺了安慶緒，自己做了偽燕新皇帝，同時還大肆集結力量，準備向唐庭展開反撲。

當我從前線潰逃回來的士兵口中得知唐軍慘敗的消息後，就連忙帶著妻兒收拾行囊往奉先回趕。在回趕的途中，我再次目睹無數因戰亂流離失所的百姓，目睹戰火紛飛中的屍橫遍野，以及大唐子民的頑強抗爭，我無言以對，我不能自已。

「存者且偷生，死者長已矣。」縱時局維艱，我仍舊相信大唐，相信眼下的苦難與不幸都是暫時的，我們不屈的意志，必將戰勝殘暴與不仁，天下也必將重歸太平。

關中大旱

不知為何，或許是前四十年的繁華把大唐的好運都揮霍光了，到乾元二年（西元七五九年）的秋天，關中地區又發生了一場前所罕見的大蝗災。霎時間，赤地千里，農田顆粒無收，大唐百姓的日子更加苦不堪言了。

恰巧也是在那時，河北前線的戰事再次惡化，剛帶著妻兒返回華州不久的我，身為司功參軍被上司緊急派往地方做徵糧工作。這不是開玩笑嗎？百姓們都快餓死了，哪裡還有多餘的糧食上交給朝廷，他們是一看到徵糧兵的影子，就嚇得四處逃竄，哭爹喊娘，使得我不知該如何是好。由此，我陷入了一個兩難的處境——徵不到糧，我官位不保；強行徵糧，又恐怨聲載道。

最後，經過輾轉反側的賺扎，我還是做出了一個艱難的決定——辭官。楊瑩和家人也贊成我辭官，並表示目下大唐戰火不斷，這個官再當下去，遲早會官逼民反。

但辭官的爽快只是一時的，我們的生活也就此失去了保障。面對家中糧食再次短缺的現實，我不得不帶著妻兒一起遠赴秦州[43]謀生。那時候，我的叔父杜登已經去世了，但他的兒子杜佐正在秦州做縣尉，得知中原戰亂及關中大旱，他主動寫信邀我與家人前去避難。

本來，我是想帶著舅父舅母一起去的，但被他們拒絕了。

[43] 今甘肅天水一帶。

「我們年紀大了，戀家，走不得遠路，會拖累你們的。」舅父拍了拍我的肩膀，說道。

此時的他早已賦閒在家多年，平日裡也和李白一樣，酷愛鑽研道家學說，他信天理循環，還說叛軍暴虐成性，覆滅是遲早的事，我們只需耐心等待即可。

「把您二老留下，我實在是不放心。」我說。

「家中存糧足夠我們熬過這場荒年，你們就無須為我們老人家擔心了。」舅母說。

江湖秋水

很不幸，事情再一次沒有按照我預想的發展。因為河北的戰事持續吃緊，我的堂弟杜佐最終也被調去了前線參與平叛，致使我和妻兒在秦州僅待了一個多月的時間，屁股還沒坐熱，就匆匆離去了。

之後，在堂弟杜佐的建議下，我便帶著一家人南下去了成都。杜佐告訴我，我舊友嚴武因為在成都抵禦吐蕃有功，已被朝廷升任為成都尹兼劍南節度使，執掌一方軍政大權，且成都地處策略後方，去投奔他，至少可保我與家人安全無憂。

說到嚴武，他家和我家本為世交，他父親嚴挺之和我父親杜閒是多年好友，我們從小就認識，雖然後來我們的成長道路和志向各不相同，但幼時一起玩耍的情誼一直都在。

此次安史叛亂，嚴武原本因為平叛有功被封為京兆尹，也就是長安市的市長，可謂前途一片大好。但是很可惜，後來他因為和我一起為房琯的事說情，觸怒了肅宗，被肅宗一氣之下貶出了長安，大好前途也隨之暫時擱淺。

正所謂他鄉遇故知，當我帶著楊瑩和兩個孩子幾經輾轉，終於抵達成都後，嚴武十分熱情地招待了我們，還派人在城西的浣花溪畔為我們搭建了一處住所，可謂關懷備至了。

而幾乎在我和家人抵達成都的同時，我得知了李白因受永王謀反案牽連被流放夜郎的消息，這讓我不知該如何是好。夜郎乃瘴癘叢生的蠻荒之地，對於年近六旬的李白來說，此行路途崎嶇遙遠，恐怕是凶多吉少，有去無回了。

想到這些，我悲痛莫名，我有預感我此生可能再也見不到李白了，遂提筆寫道：

涼風起天末，君子意如何。
鴻雁幾時到，江湖秋水多。
文章憎命達，魑魅喜人過。
應共冤魂語，投詩贈汨羅。

浣花草堂

悲痛歸悲痛，我和家人的生活還得繼續。來成都不久後，我的好兄弟嚴武為了幫我養家糊口，向朝廷舉薦我為檢校工部員外郎，後世的人也因此稱我為「杜工部」。儘管只是個掛名的從六品虛職，平時主要是在嚴武的幕府中做些參謀工作，但是每個月都可以從他那裡按時領到一筆俸祿。

因為有了嚴武的幫助，我和家人在成都過上了短暫的安穩生活，而那座位於浣花溪畔的破落草堂也因為我的到來，成為後世無數人朝拜的聖地——當然，這都是後來的事。

不過，在我生活的那個年代，成都也的確有一處聖地——武侯祠。

上元元年（西元七六〇年）的春天，來到成都的第二年，我帶著家人一起去拜訪了武侯祠，這座蜀漢名相諸葛孔明的祠堂，如今香火鼎盛，祭拜他的人絡繹不絕。

說到孔明，他只比我的十三世祖杜預早生大概四十年，身為唯二入選文武兩廟的人，他們幾乎處於同一時代，且都志在統一，結束三國亂世。只可惜他們所屬陣營不同，孔明居於巴蜀，杜預則在洛陽，而這也造就了兩人完全不同的命運。

孔明傾盡巴蜀之力，以小博大，六出祁山，明知不可為而為之，最終落得個「出師未捷身先死，長使英雄淚滿襟」的結局，想來也是讓人無限感慨。

這就好像我，從小一直以祖先杜預為榜樣，渴望建功立業，成就一番不世功勳，到頭來卻遭逢亂世，還因直言犯上，慘被貶謫，虛耗了大半生的光陰。

我想，這種仕途失意的心情，與孔明北伐失敗時的心境應該是一樣的吧。

高適來蜀

上元三年，也就是寶應元年（西元七六二年）的四月，隨著玄宗與肅宗的相繼離世，太子李豫登基成為大唐新皇帝，嚴武的仕途也因之迎來了轉機，不久即被召回長安，重新當上了京兆尹，並兼任御史大夫之職，全權負責兩位先帝的陵寢監修及善後事宜。

接替嚴武來蜀的人，是我的另一位老朋友高適。他和嚴武一樣，對我和我的家人照顧有加，繁忙的工作之餘，他時常來浣花草堂找我喝酒聊天。他知道我們家生活拮据，所以每次拜訪，他都會帶來很多的酒肉與糧食，他也因此深得我那兩個孩子的喜歡。

每次喝醉，我們總會聊起年輕時在燕趙一帶尋仙漫遊的事情。那時的河北還不像現在這般戰火紛飛，那時到處春意盎然、草長馬肥。那時的我們都落魄，都鬱鬱不得志，雖一無所有，卻心懷天下，慷慨激昂，縱論古今，彷彿有說不完的話。

如今，我年過半百，依然落魄，而高適卻早已今時不同往日了。五年前，正是他奉旨領兵平定了永王的所謂「叛亂」，並間接導致了李白的入獄與流放，同時，他也因此為肅宗帝位的鞏固立下大功，從此一路飛黃騰達，成了手握重兵的軍政要員。

從高適的口中，我得知了前線的最新戰況，逆賊史思明已被兒子史朝義殺害，目前，史朝義的殘軍敗將已被僕固懷恩率領的唐軍團團包圍，困守於范陽孤城，離覆滅不遠了。

春夜喜雨

隨著草堂外的天色漸暗，酒過三巡的高適也終於向我敞開了心扉。

「你知道李白現在怎麼樣了嗎？」他忽然問我。

「他不是已經被流放到夜郎去了嗎？」我反問他，語氣中帶著幾分埋怨，埋怨他身為討伐永王的主將，為何不替李白說句公道話。

「你心裡一定是在怪我，當初為什麼不救李白，對吧？」他似乎看出了我的心思。

我獨自喝著悶酒，沒有理他。

「朝堂上的事，你不懂的，我不救李白，恰恰是救了他。」他說。

我看了看他，依舊沒有說話。

「你知道李白的名聲傳遍大唐，又是永王幕府中人，屬於皇帝的對立面，我若那時替他說情，只會進一步惹怒皇帝，那他的後果就不止於流放了。」他說。

「那現在呢？永王之亂早已平定，總該可以救他回來了吧？」我又問。

「已經用不著我救他了，三年前關中大旱，肅宗皇帝大赦天下，他的罪早就免了。」

「那他現在人在哪裡？」

「唉……他已經去世了。」

「去世了？怎麼死的？」我有些不敢相信，剛得知李白遇赦，轉瞬就聞聽他的死訊。

「據說是飲酒過度，死在他當塗的族叔李陽冰家中。」說完，高適的臉上浮現出了一絲傷感，儘管如今的他身居高位，但提到李白，他的心中仍會感到愧疚。

因為李白的死，讓我們兩人的談話陷入了沉默。而此時，草堂外忽然下起了一場細雨，讓整個春夜頓時變得溫柔起來。望著浣花溪上的漁火，我再一次想起李白，那個彷彿永遠活在春天的李白，他的一生也像細雨一樣飄過盛世的大唐，慰藉著無數後來人的心。

窗含西嶺

緊接著，到了第二年，也就是廣德元年（西元七六三年）。按照我開頭講過的——安史之亂剛平息沒多久，吐蕃便乘虛而入，從多路同時出發，劫掠大唐邊境，兵鋒直指長安，陛下被迫出逃陝州，大唐再次陷入了動盪。

而在吐蕃的多路劫掠大軍中，有一路軍隊是從蜀地的西邊出發的。

高適身為劍南節度使，聞訊後率軍抵擋，但因為他初到蜀地，對這裡複雜的地形及吐蕃軍隊的戰法都不甚了解，結果節節敗退，連失數州之地，搞得他痛苦不已。最終，在我的建議下，他向陛下上表，請求調回曾多次與吐蕃交戰且經驗更為豐富的嚴武。

於是，在廣德二年（西元七六四年）春，嚴武又重新來到蜀地鎮守，高適則返回了朝中，改任刑部侍郎，之後又屢屢升遷，一直做到了散騎常侍，晉爵渤海縣侯，雖然沒他祖父的渤海郡王來得威風，但在某種程度上，他也算是恢復他們高家昔日的榮光了。

至於蜀地這邊，嚴武一回，吐蕃很快便被擊破，一連後撤了數百里，他也因功被加封為檢校吏部尚書，晉爵鄭國公，對於虛歲才四十的他，這份履歷堪稱完美。

隨著吐蕃的敗退，蜀中又恢復了往日的安寧，看著江面上熙攘往來的商賈貨船，想起友人所建立的功勳，我的內心無比欣慰。儘管我對於自己的仕途已然不抱什麼希望，但我真心為他們的成就感到高興，就像青天上飛翔的白鷺那樣高興：

兩個黃鸝鳴翠柳，一行白鷺上青天。
窗含西嶺千秋雪，門泊東吳萬里船。

僕固懷恩

但好景不長，僅過了一年，即永泰元年（西元七六五年），高適與嚴武就相繼因病去世。而在嚴武死後不久，他曾經的部下們便為了爭奪節度使的位子，相互殘殺起來，蜀中由此再次陷入內亂。已然失去依靠的我，只得帶著家人被迫離開生活了六年的成都。

也是那一年，在安史之亂中功勞僅次於郭子儀和李光弼的名將僕固懷恩，因屢遭宦官駱奉先誣告謀反，最終被逼反抗，聯合回紇與吐蕃各部，共計三十萬大軍，以「清君側」為由，浩浩蕩蕩向長安進發。消息傳至京師，朝野為之震動，陛下急召郭子儀率軍平叛。

說到這個僕固懷恩，他本為回紇鐵勒部貴族，家中世代為大唐鎮守邊關。安史之亂中，他隨時任朔方節度使郭子儀入關平叛。後來正是透過他的努力，大唐才向回紇借來援兵，並最終一舉收復了兩都。不久，他就因功被提拔為新任朔方節度使。

身為大唐救火員的郭子儀，聽聞老部下「造反」，有些不敢相信。在郭子儀看來，僕固懷恩對大唐向來忠心耿耿，安史之亂中，他全家四十餘口皆命喪敵手，堪稱滿門忠烈，如果不是被逼上絕路，他是斷不會走上造反這條路的。

有鑑於此，郭子儀沒帶一兵一卒，就連夜奔赴僕固懷恩的軍帳，並質問他為何做出如此大逆不道之事。面對老上司的訓話，僕固懷恩無從應答，只得如實陳述自己的冤屈，而在郭子儀答應為他申冤後，他也最終同意撤軍——這就是「郭子儀單騎退回紇」的故事。

只可惜，撤軍的僕固懷恩，到死都沒有等到自己平反昭雪的消息。回到回紇沒多久，他就因病鬱鬱而終了。可憐一代名將到頭來卻落得個「叛臣」的罵名，而他的死也真實反映了經歷安史之亂後，大唐皇帝對邊關胡人的包容與信任早已蕩然無存。

夔州都督

因為僕固懷恩之亂，導致我北上次奉先與舅父一家團聚的道路被堵，我只得攜妻兒改走水路。我們從成都出發，打算乘船沿長江而下，再轉道回洛陽。

大曆元年（西元七六六年）初，隨著回紇與吐蕃聯軍的全面撤退，長安的危機再次解除。而我和妻兒的小船，此時也穿過巫峽，抵達了夔州[44]奉節地界。正是在這裡，

[44] 今重慶一帶。

我迎來了人生創作的高峰，短短三年時間，我思如泉湧，竟寫下了數百首詩歌。

而我之所以變得如此高產，其實還要感謝一個人——夔州都督柏茂林。

「閣下可是杜子美，杜先生嗎？」江岸邊，一個洪亮的嗓音喊道。

也不知柏茂林是從哪裡聽聞了我的消息，當我們的小船抵達奉節時，他竟親自來江邊迎接，並盛情邀請我和家人進城一敘。雖然那時我還不知道他是誰，但見他滿面誠懇，看起來不像個壞人，且我們一路舟旅勞頓，總該上岸補充點夥食，故而欣然應邀。

經柏茂林的自我介紹，我才知道他原來是嚴武的戰友，曾和嚴武一起在蜀地抗擊過吐蕃，嚴武還在戰場上救過他的命，後來他跟隨郭子儀平定河北。不久前他剛被升任夔州都督，他還說嚴武生前常向他提起我，並表示他很喜歡我的詩歌，還一直想著去成都拜訪我。

由此，當他從蜀中友人處得知嚴武病逝，蜀中內亂，我攜妻兒走水路出逃成都時，他預料我們定會路過夔州，便每日派人來江邊駐守，今天可算是等到我了。

「先生年紀也大了，不要再四處奔波了，若不嫌棄，以後就與家人一起安心住在夔州吧。」柏茂林一杯熱酒下肚，看著好幾天沒吃頓飽飯的我，說道。

「這樣太麻煩您了。」我連連推辭。

「這怎麼能叫麻煩呢，先生是嚴武的摯友，嚴武救過我的命，這份恩情，我永世不忘，還望先生萬勿推辭啊！」他說。

「好吧。」我看了看他，又看了看楊瑩和兩個孩子，感動答應。

落木蕭蕭

或許是出於對嚴武的報恩與補償，又或許是出於對我詩歌單純的喜歡，柏茂林給予了我和家人無微不至的照顧。正是在他的幫助下，我重新與北方的親友們取得了聯繫。

同時，柏茂林還命人在城郊為我們開墾了一大片果園，並僱用了幾個農人和我們一起勞作，讓我和家人的生活有了必要的保障。他還囑咐我以後只管安心寫詩，做好當代的陶淵明，至於生活上的瑣事，有他在，我便無須操心——他可真是個好人啊。

在那時，宗文和宗武都已經長大了，哥哥二十，弟弟十七，像他們這麼大的時候，我已經開始去吳越一帶漫遊了，而他們卻只能跟著我顛沛流離，吃盡苦頭。每每想到這些，我便感到愧為人父，好在兄弟倆都很懂事，主動承擔起了果園裡的繁重勞作。

也正因此，我在夔州的大部分時間，其實都是躺在家中養病——經年的漂泊，加上肺病復發，我的身體早已大不如前，幸虧有楊瑩一直陪在我身邊，對我悉心照料，在我病情略有好轉後，她甚至主動陪著我去附近的山間散心解悶。

夔州雖比不上成都富庶繁華，但山水風光亦是別有一番氣象。大曆二年（西元七六七年）的秋天，在楊瑩的陪同下，我第一次遊覽了離奉節不遠的白帝城，那是當年劉備向孔明託孤的地方，同時也是李白遇赦返回中原的起點。

「『朝辭白帝彩雲間，千里江陵一日還』，這就是李白詩裡說的地方吧？」登上白帝城頭之後，楊瑩眺望著城下蜿蜒流淌的江水，忽然問我。

我看了看楊瑩，點了點頭。那時，距離李白去世已有五年，高適與嚴武也先後離我而去，而我自己不但早已遠離了朝堂，甚至是淪落他鄉，百病纏身。目睹白帝城下蒼涼的秋色，聆聽長江兩岸不時傳來的猿嚎，想起我蹉跎了大半生，卻終究一事無成，我的心頭忽然湧出無盡的悲涼。

正所謂：

風急天高猿嘯哀，渚清沙白鳥飛回。
無邊落木蕭蕭下，不盡長江滾滾來。

逢李龜年

一直到大曆三年（西元七六八年），我和家人才終於決定離開夔州。因為在那一年，我收到了舅父病危的來信，那時他正在舅母的陪同下來洛陽尋醫，但遲遲不見好轉，自知時日無多的他，希望能再見上我最後一面。

於是，為了避免當初我姑母那樣的遺憾重演，收到信的第二天，我就毅然放棄了安逸的果園，並辭別了再三挽留我的都督柏茂林，帶著家人踏上了返回洛陽的歸途。

我們的小船順江而下，過江陵，轉公安[45]，等到第二年，我們已經漂到了洞庭湖，而在洞庭湖邊的岳陽樓上，我還碰見了一位老熟人——李龜年。

「正是江南好風景，落花時節又逢君。」見到他的那一刻，我幾乎是脫口而出。

此時的李龜年，早已是兩鬢斑白，不復往日風采。據說，安祿山攻陷長安後，他就帶著家人一路逃到了南方，和我一樣漂泊無依，僅靠在酒肆中賣唱維持生活。

他似乎有些耳背，見我向他打招呼，他也沒有認出我，只是把我當成了一位慕名而來的普通聽眾，習慣性地向我點頭微笑，這也很正常，畢竟當年在洛陽與長安的王公貴族府上，他曾經風光無限，而我，只不過是他成千上萬樂迷中的一個。

待人群紛紛落座之後，岳陽樓外的洞庭湖忽然吹起了一陣暖人的微風，幾乎所有人都在凝神屏息，都在注視著臺上那位昔日的樂聖。只見他清了清嗓子，輕輕撥動琵

[45] 今重慶一帶。

琶，唱了一首王維當年寫給他的詩：「紅豆生南國，春來發幾枝。願君多採擷，此物最相思。」

他的眼裡泛起淚光，眾人也隨他一起落淚，淚中是我們再也回不去的盛世光華。

月湧江流

之後，就是大曆五年（西元七七〇年），因為一場突如其來的洪水，我和家人被滯留在了潭州[46]地界，最終還是沒能趕回洛陽見舅父最後一面。等洪水退卻，已經是那年冬天的事了。

此時，我們一家四口旅居於船上，靠著附近村民施捨的粥飯才能勉強填飽肚子。而我由於感染上風寒，病情已然更加嚴重，連簡單的站立與行走都變得十分困難。

[46] 今湖南長沙。

也正因此，我渴望回到故鄉的願望變得更加急切。啟程前的那天晚上，臨近潭州的耒陽[47]縣令據說是因為喜歡我的詩，還特意帶著一大箱的好酒好肉來為我們送行。在大酒之後，我們便開始唱歌。

宗文和宗武負責擊箸和聲，楊瑩也難得地跳起了舞蹈。

「『昔有佳人公孫氏，一舞劍器動四方』，嫂夫人的舞姿，比之當年的公孫大娘，亦不遑多讓啊。」縣令敬了我一杯，感慨道。

看著在月下起舞的楊瑩，我竟陷入沉默。本為大家閨秀的她，這些年跟著我缺衣少食、四處漂泊，從少女長成了老婦，卻從無埋怨，而我至今都未能兌現年輕時封侯拜相的諾言，也從未讓她和孩子過上真正安穩的好日子，對於她，我實在是虧欠太多。

「明日便要回家了，子美應該高興才是。」楊瑩停下舞蹈，坐到了我的身旁。

「夫人，妳不怪我嗎？」我問。

「怪你什麼？」楊瑩淺笑，反問我。

[47] 今湖南耒陽。

「這些年跟著我，讓妳受苦了。」我說。

「能與子美相伴攜手，是我此生最大的幸事，何苦之有？」她說。

說完，她將杯中的酒一飲而盡，是的，她總是那樣的豁達與包容，如同天上那一輪溫柔的明月，照在平靜的大江上，照在我的心裡，也照向了我們即將返回的故鄉。

李白

生於武則天長安元年（西元七〇一年）
卒於唐代宗寶應元年冬（西元七六二年十二月）

東魯婦人

我這一生有過許多的女人，但最令我難忘的僅有四個。天寶三載（西元七四四年）的冬天，結束河北之遊後，我便與高適、杜甫二人各奔東西了，他們分別回了河南老家，我則去往東魯與劉娥團聚。

劉娥是我的第二任妻子，同時也是東魯有名的富商之女。自開元二十四年（西元七三六年）我的髮妻許晴兒病逝，我便帶著我們的兩個孩子——長女平陽，次子伯禽，從安州[48]輾轉到了兗州。後來經摯友元丹丘介紹，認識了劉娥。

起初，因為元丹丘的誇讚，劉娥也不嫌棄我拖家帶口，只覺得自己嫁給了一個大詩人，將來必定可以過上衣食無憂的好日子。

然相處一久，她便開始後悔了。

「除了吃軟飯，你還會做什麼？」劉娥質問道。

[48] 今湖北安陸。

對於劉娥接二連三的質問與白眼，我不置可否。

畢竟我也快四十了，有手有腳，不出去找個正經工作也就算了，整天躺在家裡，吃她的喝她的，絲毫沒有半點要承擔家庭責任的意思，換誰也受不了。

直到天寶元年（西元七四二年），一封詔書從長安突然而至，劉娥的態度才再次由陰轉晴。是的，當今聖人要招我入朝做官了，我夢寐以求的飛黃騰達就要來了。

記得出發去長安那天，劉娥為我送行，預祝我此行一切順利，並叮囑我不要在外面拈花惹草，正所謂「寧戀本鄉一捻土，莫愛他鄉萬兩金」嘛！

「有勞夫人在家照看兩個孩子了。」我說。

「哪裡的話，只盼夫君早日歸家。」她說。

「現在知道我也是有本事的了吧。」我向她微笑點頭，暗暗說道。

天寶元年

天寶元年（西元七四二年），是我離夢想最近的一年。

那一年，牡丹花盛，我在玉真公主、賀知章、元丹丘、吳筠等一眾好友的舉薦下，終於得到了聖人本人的降輦步迎，在長安城裡出盡了風頭。

「我讀過你的詩，寫得不錯。」這是聖人對我說的第一句話。僅因這句話，就惹得長安城裡的王公貴族們爭相與我結交。頓時，我下榻的客棧門庭若市，每日都有人來找我高談闊論、飲酒作詩，令我片刻不得清閒。

我想，歷經半生蹉跎，我實現平生志向的時機就要到了。你問我的志向是什麼？那當然是位列卿相，輔國安民，保我大唐萬世永昌了。你說我不現實？不現實就不現實吧，人活一世，總該做點自己想做的事情。

等到天寶三載（西元七四四年），聖人下旨，封我為「翰林供奉」，朝中權貴對我更加趨之若鶩，紛紛引我酒友詩仙。當然，也並非所有人都如此，比如王維，就對我愛搭不理。

聽人說，王維早年也是受了玉真公主的舉薦，在開元年間做了狀元，很瞧不起我們這些江湖子弟，平時就喜歡一個人窩家裡吃齋念佛。對此，我也是無話可說。

除了王維，另一個不愛搭理我的人，可能就是高力士了。高力士是聖人身邊的紅人，因協助聖人平定了韋后與太平公主的叛亂，官至右監保全大將軍，晉爵渤海郡公，諸王公子無不對其禮敬有加，在朝中也算是個人物。

按理說，我與高力士井水不犯河水，本不該有什麼矛盾，可偏偏因為一場酒局，讓我和他一同載入了歷史，此後的世人只要一想到高力士，就會想起我腳上的那隻靴子。

力士脫靴

原本以為，我做了翰林供奉，陪在聖人的身邊，總該有機會一展多年的抱負。但事實並非如此，除了偶爾找我寫詩填詞外，聖人從未與我討論過任何軍國政事，位列卿相更是無從談起。這不是逗我玩嗎？我拋家捨業，大老遠從東魯跑到長安，可不是來寫詩的，我要做的是輔國安民的大事業！

終於，在幾番面聖諫言無果後，我的心情沮喪到了極點。我只得終日借酒消愁，打發無所事事的時光，我已記不清自己當時到底喝醉過多少次，如同記不清長安城中的太陽，究竟經歷了多少次升起與落下的輪迴。

直到某天的夜裡，高力士突然來到我的住處，他說是奉了聖人的旨意，傳我去華清池為貴妃寫詩。見我喝得不省人事，他竟直接把一瓢冷水潑到了我的臉上。

「醒了？」他問。

「醒了。」我說。

「醒了就跟我走吧。」

我晃了晃尚未清醒的腦袋，白了他一眼，沒有說話，徑自隨他去了華清池。

後面的故事，你們都知道了——在聖人、貴妃、王子皇孫及眾多番邦使臣的共同見證下，我將幾樽清酒一飲而盡，伏於案前，不出片刻，三首〈清平調〉躍然紙上，一句「雲想衣裳花想容」就像盛開的牡丹一樣，至今仍在華清池畔縈繞不絕。

「李供奉，果然好文采啊。」高力士走到我跟前，一臉諂媚的笑。

我又白了他一眼，此等勢利小人，翻臉比翻書還快。一個太監，靠跟皇帝走得親近，竟也官居顯赫，我飽讀詩書卻無處施展，我不服！

於是，我緩緩抬起了那條改變我命運的大腿，說道：「靴子有些緊了，煩請將軍幫我脫了吧。」

高力士愣愣地看著我，沒有說話。隨後，我便被幾個小太監匆匆架出了宮門。

賜金放還

「聖人有旨，賞李白五百金，即日離開長安，不得有誤。」這是高力士對我說的最後一句話，他的嗓音尖細而淒厲，如同鑽進我耳中的一根倒刺。

那一刻，我不知道是該哭，還是該笑。

直到多年後，時過境遷，我再次回想此事，才發現高力士其實也是個苦命人。他從小就被送到宮裡淨了身，任勞任怨聽人使喚，每日陪在聖人身邊，鞍前馬後伺候著，一般人還真做不來。當初，他之所以來找我，更多的只是在奉命行事，拿水潑我，也是怕我醉酒誤事。反倒是我的行為，以公報私，顯得小家子氣了。

但是事情發生了就發生了，我李白敢做敢當，如果給我重來一次的機會，我還是會把腿抬起來——畢竟在長安的日子，我已經受夠了。

既然終日在此，消沉頹喪，也依舊無所作為，那長安與他鄉又有何異？

既然身居廟堂，也不能實現心中志向，那不如繼續仗劍天涯，雲遊四方。

是的，從我把腿抬向高力士的那一刻起，我就知道我要離開長安了。這座我年輕時拚命想要擠進的城市，還是老樣子，一個矛盾的集合體，富足又空虛，包容又傲慢。

而離開它，也就意味著自由。是的，屬於我的時代還沒有到來，我仍在等待那個真正懂我的人出現。

也是在那個時候，我遇見了一個叫杜甫的後生，他以其質樸與熱誠的胸懷，給了我很大安慰。他和我年輕時很像，寂寂無聞卻對前途滿懷希望，浪蕩青春卻也不覺可惜。

在這期間，我們還結識了宋州的高適，三人相約在梁宋一帶漫遊，後來還一起去了趟河北，寄情山水之間，尋仙訪道，度過了一段短暫的逍遙歲月。

直到臨近寒冬，我將聖人賞賜的五百金揮霍殆盡，我們才各自分離。

泰山授籙

得知我在長安求官失敗，劉娥終於不再猶豫，毅然將我和兩個孩子趕出了家門。

是的，這回又該輪到她翻我白眼了。

沒辦法，官搞丟了，錢也花光了，養我這麼多年沒撈到半點好處，只能及時止損了。可惜夫妻一場，終究還是無法成為一條路上的人，那就好聚好散吧。

於是，失去劉娥這一重要的經濟來源，我被迫帶著兩個孩子離開了生活數年的兗州，經元丹丘介紹，前往泰山紫微觀拜會道長高天師，以期修得道籙，成為一名真正的道士。經歷了長安的冷遇與此次離異，我對塵世的功名與瑣事暫時是沒什麼興趣了。

但偏偏此時，我遇到了生命中的另一個女人——高陽。高陽是個孤兒，還未出生時，父親就在征討契丹的戰爭中陣亡，母親生下她不久也染病離世。高天師見她可憐，便收她為義女，自小帶在身邊，倒也令她頗通道法。隨著相處日久，高天師見她對我頗有好感，正好她也到了談婚論嫁的年紀，便索性撮合我倆成了親。

高天師還誇我天賦異稟，只要稍加修行，得道飛升是早晚的事，到時可別忘了他這位引路人。在大唐，道教作為國教，想成為一名真正的道士是要考試的，需要得到相關部門發授的道籙才算合格，而高天師是東魯區域的道教事務負責人，我想入道，得他點頭。

在與高陽完婚後，我的入道考核便正式開始。按規定，我必須經歷七七四十九天的辟穀，才有資格拿到道籙。在這四十九天裡，我獨自閉關於泰山之巔的洞穴中，不管風霜雨雪，每天只吃一頓飯，飲少許露水，打坐靜思，朝觀日出，暮覽星河，覺人生之虛妄，感宇宙之無窮。

等到出關那天，我整個人都瘦了一大圈，恍若物我兩忘，世界已與我無關。

道法自然

那次泰山辟穀，幾乎要了我半條命，好在我順利通過考核，成功拿到了道籙，就此成為一名官方認證的道士，以後便可以拿到朝廷的補貼經費養家餬口了。

高陽是個好姑娘，嫁給我時剛滿十八，或許是父母的早逝，讓她比一般人早熟。按理說，平陽和伯禽只比她小五、六歲，在她面前卻完全像什麼都不懂的孩子，她像照顧弟妹一樣照顧他們。她總是把家裡收拾得乾淨整潔，一塵不染。在我煉丹讀書時，她也從不打擾，但每次都按時叫我吃飯，做的都是我喜歡的菜。

我想，如果不是她後來的病故，我們會一直這麼生活下去。對了，我和高陽也生了個兒子，我為他取名「天然」，取「道法自然」之意。

高陽說，她也喜歡我的詩，最喜歡那句「同居長千里，兩小嫌無猜」，她覺得這就是在寫我跟她的關係。她還勸我早日出山，儘管她知道我對如今的朝局有多麼失望，但她還是希望我有機會就回長安去，因為唯有如此，我才能實現自己心中多年來的抱負。

「我覺得現在這樣挺好的，有妳和孩子們陪在我身邊，我很知足了。」我笑笑，說道。

「你知道我當初為什麼喜歡你嗎？」她問。

「為什麼？」我問。

「因為你的志向。」

「志向？」

「我喜歡你的志向，那種氣吞萬里的志向，我覺得那才是真正的你。」她說。

我看了看她，沒有說話。

再後來，她就突然生了一場大病，沒幾天就病逝了。臨終前，她面容安詳，留下我和三個孩子在這孤獨的世上，同時，也留下了她對我的期許。

千金買璧

天寶九載（西元七五〇年），高陽去世的第二年，幼子天然因沒有母親的照料，不幸早夭。

悲痛欲絕的我，想起高陽生前的期許，再次獨自踏上了西去長安的路途。此時，平陽和伯禽已長大成人，他們跟隨高天師研習道法，頗得真傳，我也可放心離去。

路過宋州時，我還順道回了趟梁園。六年前，我、高適、杜甫三人曾同遊過此地，如今物是人非。聽說高適已在長安中了進士，馬上還要去河西節度使哥舒翰的幕府中任職，將來必定前程遠大。至於杜甫，那時他也在長安準備科考，金榜題名也該是遲早的事吧！

想到這些，我竟有幾分羨慕起他們來，因為我身為商人之子，按大唐的律法是沒有資格參加科考的——這也是我不斷找人干謁的原因，我希望能以另一種方式進入仕途，從而實現我輔國安民、位列卿相的志向。待功成名就之後，便學我的偶像東晉謝安石，功成身退，歸隱山林，在我看來這才是最完滿的人生。就像我在梁園牆壁上題的那首詩：「東山高臥時起來，欲濟蒼生應未晚。」

但正當我再次躊躇滿志，準備重返長安的時候，一個女人卻把我留了下來，她便是我生命中的第四個女人，也是最後一個女人——宗琰。

宗琰是宰相宗楚客的孫女，儘管宗楚客因支持韋后發動政變，被當今聖人誅殺，宗家就此衰落，但瘦死的駱駝比馬大，至少在宋州一帶，宗家依舊有很高的威望。

也不知這位宗小姐，是在哪裡聽聞了我的名聲，得知我來了梁園，竟也興沖沖跑來看我題詩。事後，她還花了一千兩黃金把我題詩的那面牆壁買了下來，我的那首〈梁園吟〉也因之傳為佳話——要知道聖人趕我出長安的時候，也不過給了我五百金。

我想，此女出手如此闊綽，家裡得多有錢啊！

月照揚州

因為宗琰的「千金買壁」，我又一次成了上門女婿。新婚燕爾，我心中的憂愁也被一掃而光——借助宗家的勢力與關係，我在宋州與東都洛陽之間遊走，又結識了不少文人高士，其中答應舉薦我的大有人在。按當時的情況發展下去，不出意外，即使我不去長安，再次出仕也是板上釘釘的事情。

更難得的是，宗琰與我志趣相投，我們都喜歡修道和旅行。在天寶十載（西元七五一年），千秋節的前夕，我們收到好友吳筠道長從揚州寄來的信箋，他在信上說，揚州煙花盛開，有紫氣東來，想邀我們前去相聚，共度佳節。

當然，也是在那一年，一個叫安祿山的雜胡被加封為東平郡王，兼領三鎮節度使，掌控著北方的大部分兵馬，權勢與聲望都達到了頂點，沒過幾年就造反了。

吳筠的來信，讓我和宗琰欣喜無比。我們連夜收拾好行裝，乘船沿大運河南下，不出幾日便抵達了揚州。在揚州的酒肆中，我與吳筠躺在地板上聊了一宿，宗琰也聽了一宿，我們聊當年一起在終南山修道的經歷，聊長安城裡的酒鬼與賭徒……

是的，我們都喝多了。我看到窗外的月亮大得出奇，它不斷朝我們湧過來，簡直就要把我們壓垮。恍惚間，我想起二十五年前，第一次來揚州的那個夜晚，也是這樣的月亮，一個年輕人獨坐在酒肆中，想起遠在千里之外的故鄉，寫下了平生最簡單也是最難的一首詩：

床前明月光，疑是地上霜。
舉頭望明月，低頭思故鄉。

是的，我已經很久沒有回家了。

碎葉飛雪

我第一個家在碎葉[49]，那是我出生的地方，也是大唐安西都護府所在地。

[49] 今屬吉爾吉斯。

當時，在西域主要有兩大勢力，其一是大唐的安西鐵軍，統轄著安西四鎮，總攝西域諸國，其二是更西邊的大食，他們在穆罕默德的感召下，一路東進，亦得到不少擁護。

大唐與大食都知道彼此的存在，雙方時戰時和，各有勝負，在總體上維持著均勢與和平。至於碎葉，作為連接二者的邊陲重鎮，自然是商賈雲集，貿易往來頻繁。

我的父親李客，便是這眾多商人中的一個，關於他的真實身分已經無從知曉，有人說他是李唐的宗室，迫於武後的追緝，輾轉逃到了西域；也有人說他是行走江湖的俠客，在中原犯事殺了人，跑來西域避難的。不管哪種說法，至少都表明了他來自漢地。

在抵達碎葉不久後，父親開始以經商為生，也因此認識了不少胡人朋友，其中就包括我的母親——一個金髮碧眼的西域胡女，原本只會唱歌跳舞的她，在父親的耐心指導下，不僅逐漸學會了漢語和寫字，還熟讀了不少漢文經典。

武周長安元年（西元七〇一年）的冬天，母親在碎葉城外的一頂帳篷裡生下了我。

母親說，我出生的那天晚上，帳篷外下著白茫茫的大雪，她因夢見太白金星在雪地的盡頭升起，照亮了整個安西，故而為我取名為李白，字太白。在道教傳說裡，太白金星是玉帝派下凡間的信使，是帶著使命的仙人，而這也似乎注定了我一生的命運。

因為父親和母親的陪伴，我在西域度過了一段自由的懵懂歲月。那時，父親常會帶著我騎馬，並跟他的胡人商隊一起，往來於安西的各個城鎮之間，互市貿易。我只記得我們在大漠中飛奔，彎弓射雕、逐虎驅狼，彷彿日子永遠也過不完。

神龍革命

直到神龍元年（西元七〇五年），因為的母親離世，在西域已無牽掛的父親，才決定帶著我返回他闊別已久的蜀中。與母親同年去世的人，還有武后。

那年的十二月，中宗李顯聯合宰相張柬之等人發動兵變，逼迫武后退位，天下又復歸於李唐。而新皇登基之後，隨即大赦天下，父親的罪行也因而免除。

自天授元年（西元六九〇年）秋，武后從她的兒子睿宗手中奪取皇位，到神龍元年（西元七〇五年）冬，她因病重被逼禪位，這位有史以來唯一的女皇帝，始終牢牢掌控著帝國最高權力。

在政治上，武后改「唐」為「周」，崇佛抑道，寵幸面首，重用酷吏，推行嚴刑峻法，大肆封賞武姓，打壓李唐宗室，搞得李氏皇族人人自危，甚至當今聖人也未能幸免，不但他的生母被武后祕密誅殺，連他自己的少年時代也是在深宮幽禁中度過的。

隨著神龍革命的成功，中宗李顯再次登基，這種情況才終於迎來好轉，大批李氏皇族被重新起用，其中就包括聖人和他的父親睿宗李旦。

同樣，隨著中宗大赦天下，在外漂泊多年的父親終於可以回家。說來也怪，父親到死都沒有告訴我，他當初究竟因犯何事跑去西域的，我甚至不知道他到底是不是真的姓「李」。

「這些都不重要，你只要記住我是你的父親就夠了。」他說。

記得離開碎葉那天，天上也下著大雪，父親駕著馬車在雪地上飛馳，車裡裝著他這些年在西域經商累積下的幾大箱金銀珠寶，還有母親的骨灰。

我抱著母親的骨灰，望著馬車外的月亮從天山上緩緩升起，只見雲海蒼茫不見底。

蜀中少年

我第二個家，在劍南道綿州[50]青蓮鄉，那是父親出生的地方，也是入蜀第一站。

抵達綿州後，父親按當地習俗將母親葬入祖陵，並讓母親以胡人身分進了家譜。也正是在綿州，父親開始教我讀書習字，五歲誦六甲，十歲觀百家，說的就是那個時候。

[50] 今四川綿陽一帶。

記得在我九歲那年，即景龍四年（西元七一〇年）的夏天，長安城裡還發生了一件大事——此前身體一直挺硬朗的中宗李顯，突然就在宮中駕崩了。

坊間傳言，中宗是被他的女兒和老婆合謀毒死的。而在他死後不久，他的弟弟睿宗便在群臣的擁護下重新登基，也使得原本沒資格繼承皇位的聖人，因功被立為太子。

兩年之後，厭倦皇室鬥爭的睿宗就把皇位讓給了聖人，而聖人也不負所望，不僅成功平定太平公主之亂，還為大唐開啟了全新的盛世，一個亙古未有的長達四十年的盛世。

及至開元四年（西元七一六年），十五歲的我，已經是蜀中小有名氣的天才少年了，跟街坊鄰里唇槍舌劍也絲毫不落下風，普通的詩賦文章已然滿足不了我了。

對此，父親很是滿意，而為了我的進一步提升，他竟不顧親友反對，毅然將我送往他的好友——蜀中名士趙蕤的家中學習。經趙蕤的點撥，我的人生境界才算是真正打開。

那時候，趙蕤剛寫完他的新書《長短經》（亦稱《反經》），正為找不到傳人而發愁，我的到來讓他欣喜不已。在那個人人都在研究孔孟老莊的時代，他所鑽研的乃是對科考仕途全無益處的所謂「縱橫之學」，這不是吃飽了沒事幹嗎？

帝王之術

與其說趙蕤是「名士」，更不如說，他是個「瘋子」。相傳，他不僅能著書立說，且劍術高超，自稱「天下第二劍」。當今聖人曾多徵召他入朝為官，他都拒而不受，甘願與妻子隱居山中，以教書育人、捕魚打獵為生。

初到趙蕤家時，我對他很是看不上。五十好幾的人，不出去考個功名也就算了，整天就窩在家裡寫書遛鳥、倒騰丹藥，搞得自己隨時都要上天成仙一樣。

「說吧李白，你想學什麼？」趙蕤問。

「我想學普天之下最厲害的學問，您會嗎？」我有些不屑，反問。

「行，我會。」他說。

真是一個敢教，一個敢學，我原本只是想嚇唬一下他，讓他知難而退，然後把我送回去，沒想到他竟毫不臉紅，滿口答應。

「你看看這個。」說著，他遞給我一本書，正是他的《長短經》，一本雜糅百家思想、記述國家興亡、權變謀略、舉薦賢能、人間善惡的大書。

「此為何物？」我翻了翻書，問道。

「這便是普天之下最厲害的學問。」他自信滿滿地說道。

「此為何學？」我滿臉狐疑。

「縱橫之學。」他說。

「何為縱橫之學？」我問。

「申管晏之談，謀帝王之術，奮其智能，願為輔弼，使寰區大定，海縣清一。」他答。

「學了有什麼用？」我問。

「保你將來做宰相。」他說。

說真的，趙蕤講出「謀帝王之術」幾個字時，我著實嚇出了冷汗，幸虧那是我們兩人之間的密談，要是被外人聽見了，還以為我們倆要造反呢！

縱橫天下

趙蕤隱居的那座山，名喚戴天山，距離綿州不遠。

傳說那是仙人居住的地方，山上飛瀑流泉，雲蒸霧繞，山間有大片桃林，連綿開闊，在桃林深處，時有野鹿出沒——那裡便是趙蕤的家。

年近六旬的趙蕤，白髮長髯，終年一身道袍，就如同傳說中的那個仙人。

隱居多年，他幾乎看遍了古今奇書，夢想是做蘇秦、張儀那樣的人，遊走諸侯列國之間，僅憑三寸不爛之舌，不費一兵一卒，就能掠地千里，止戈息武。

這樣看來，趙蕤在本質上還是個和平主義者。倘若生在風雲變幻的戰國時代，他或許還能有一番作為，只可惜他生在了「開元盛世」，天下一統，繁榮穩定，早已沒有了動盪分裂，他心中的抱負自然是無處施展，「生不逢時」的毛病也就隨之而來。越是覺得自己「生不逢時」，他就越是要倔強到底。

由此，他開始更加專注鑽研於他的縱橫之學，《長短經》就是這麼來的。

至於我的父親，他似乎就是欣賞趙蕤身上那股遺世獨立的傲氣，不僅主動與其結交，還隔三岔五送他贊助。在父親看來，反正我也參加不了科考，學四書五經也沒多大用處，不如跟著趙蕤多練練嘴皮子，了解一些人情世故，將來出去闖蕩也不怕被人欺負。

更要命的是，這個趙蕤還自學了奇門遁甲，據說能占卜吉凶，預知過去未來。

「那您能預知一下我的未來嗎？」我問。

「你是金星轉世，未來自然是得道成仙了。」他喝了一大碗米酒，看了看我，笑道。

「不是要教我做宰相嗎？」我問。

「對呀，先做宰相，然後成仙，不衝突。」他說。

由於趙蕤每次跟我聊天，都是半醉半醒的狀態，不是聊戰國往事，就是聊修仙八卦，顯得很不靠譜，搞得我也不知道他哪句話真哪句話假，只能隨他去了。

劍聖裴旻

開元九年（西元七二一年）春，戴天山上的桃花開了滿坡，不知不覺，我已經二十歲了，按照父親和趙蕤的約定，五年期滿，我便可下山回家了。

「能教你的，我都教了，明日你便下山去吧。」趙蕤說。

我看著他，也不說話，面露不悅，意思是暫時還不想下山。

「怎麼，莫非是不想走了？」他問。

「您還有一樣東西沒有教我。」我說。

「什麼東西？」

「劍術，您自稱天下第二劍，可我從未見過您舞劍。」

「這個我恐怕教不了你。」他不無傷感地說道。

「為何？」我問。

「我曾發誓，歸隱後便不再用劍。」

「若我非學不可呢？」

「那你去找我的師兄吧。」

「師伯何許人也？現居何處？」

「劍聖裴旻，現居東魯，我現與你修書一封，日後你可去見他。」他說。

據趙蕤介紹，這個裴旻年輕時曾和他一起在天台山跟隨司馬承禎學道練劍。後來，裴旻去了邊關參軍，多次在征討吐蕃與契丹的戰爭中立功，成了威名遠播的大將軍。又因其劍術高超，始終難逢敵手，遂有了「天下第一劍」的稱號。

至於趙蕤，身為裴旻的師弟，為表對裴旻的敬仰，故自稱「天下第二劍」。

「您為何不隨他一起參軍，說不定也能封個大將軍呢？」我問。

「行軍打仗，固然可敬，但非我之志。」他說。

「那您的志向是什麼？」我問。

「我已年過六旬，隱居山野多年，如果還有志向，那就是寫書了。」他半開玩笑道。

令我沒想到的是，儘管趙蕤不願傳授我劍法，但他還是把自己珍藏多年的「易水劍」送給了我——據他介紹，荊軻當年就是用它刺殺的秦始皇。

「這把劍我留著也沒什麼用了，就送給你吧。」他說。

我接過「寶劍」，默默點頭。

我心飛翔

臨行的頭天晚上，趙蕤和師娘設宴為我送行。是的，那晚我又喝多了。不知為何，本以為下山回家，我會滿心歡喜，誰知真到了這天，我竟十分不捨。五年的朝夕相處，已讓我對趙蕤產生了感情，除了脾氣古怪一點、說話囉唆一點，他總體上還算是個和藹可親的老頭，一位值得我尊敬的師長。

「分別在即，您還有什麼話要囑咐我嗎？」我問。

「那你記住，以後在外闖蕩，切勿告訴別人，你是我的徒弟。」他笑道。

「為何？」我不解道。

「第一次見你時，我就知你天賦異稟，如今又學了我的《長短經》，心智已開，日後定會有一番驚世駭俗的作為，怕你到時闖出禍來，牽累於我。」他說。

「太白，莫聽你師父嚇唬。你下山以後可有何打算？」

師娘白了趙蕤一眼，問我道。

「我想去長安開闊眼界，若有幸得到舉薦，進入仕途，那再好不過。」我說。

「難得太白有此志向，比你師父強多了。」師娘打趣道。

「我看不一定要急著去長安嘛，可以先去益州轉轉，益州長史蘇頲是我故交，我再與你修書一封，或許他可以為你引薦。」趙蕤說。

「那有勞師父了，但我有一事不明，想向師父請教。」我雙手作揖道。

「但說無妨。」

「您認識那麼多大官，為何不為自己謀個官職，而甘心隱居世外呢？」我問。

「我跟你不一樣，我老了，不需要去證明什麼了，你還年輕，正是建功立業的時候，將來你若能實現心中志向，就算是對我最大的安慰了。」他說。

「那您可否告訴我，實現心中志向，最重要的是什麼？」我問。

「是心，跟隨自己的本心，你會得到你想要的。」他說。

益州長史

開元十年（西元七二〇年），歷經大半年的遊說，父親終於同意了我準備入仕的決定。儘管他不知道我這五年來，在趙蕤那裡究竟學了些什麼本事，但他看了趙蕤為我寫的推薦信，既然趙蕤說我行，那我就一定行——果然，薑還是老的辣。

於是不久後，我便辭別了家鄉父老，帶著父親給我的盤纏和路費，開始了人生的第一次干謁之旅，出綿州向東行約二百餘里，抵達益州[51]治所成都府。

所謂成都府，相當於劍南道的省會，以盛產「蜀錦」聞名天下，當時有「揚一益二」的說法，意思是在大唐城市經濟實力排名中，揚州排第一，益州排第二。

初到大城市，我被這裡的燈紅酒綠迷了眼，苦於無處落腳的我，只能帶著趙蕤給我的舉薦信，直接去了蘇頲的官署，而這也是我此行的主要目的。

說到蘇頲，他可不簡單，廢太子李承乾是他姑父，他父親是睿宗朝的宰相、許國

[51] 今四川成都一帶。

公蘇瑰，堪稱真正的權貴出身。早在開元初年，蘇頲就與名相宋璟一同入閣中書，官至中書侍郎兼同平章事，直到前年罷相，才轉任益州都督府長史，節度劍南各州軍政要務。

此外，身為與張說齊名的文壇前輩，蘇頲一直以樂於提攜文學後輩聞名。本以為憑藉我自身的才華，再加上趙蕤的推薦，我定能為其所賞識，不說能直接舉薦我入長安，至少也能讓我在他身邊當個差事，多多歷練也是好的。

事實似乎也如我所料，蘇頲在看了我呈上的詩文和政論後，將我猛誇了一通，說我天才英麗，下筆不休，若多加學習，假以時日，必可與漢賦大家司馬相如比肩。初出茅廬，就能得到文壇前輩此等評價，讓我欣喜不已，連夜修書把好消息告訴了父親。

上書李邕

遺憾的是，蘇頲對我的賞識也僅限於口頭表揚。結束第一次干謁會面後，蘇頲便讓我先回館驛歇息，說有消息就會通知我。結果我一等就是大半月，卻遲遲沒有收到他的回覆，最後去官署一問才知道，他不久前已被調回長安去了。

於是，不知是因為蘇頲年紀大了，記性不好，把引薦我的事情忘了，還是其他什麼原因，我的第一次干謁就這麼不了了之——這怎麼行呢？我賀信都寄回去了，話也都誇下了，這讓我怎麼跟青蓮鄉的父老鄉親們交代？

有鑒於此，我只得由成都繼續向東，過了峨眉山，前往渝州[52]拜訪我的第二個干謁對象——渝州刺史李邕。作為李姓本家，李邕以直言敢諫、剛正不阿的性格，為朝野上下所稱道，且和蘇頲一樣，喜歡提攜後進的文學青年，杜甫後來就曾受過他的勉勵與支持。

然而，對並非名門出身的我，李邕似乎沒有表現出多少熱情。雖然看在蘇頲的分

[52] 今重慶一帶。

上，他最終還是見了我一面，但對於我縱論天下時局的言論，他置若罔聞，甚至是帶有幾分戲謔與嘲諷，笑道：「後生還是回去多讀書吧，天下大事錯綜複雜，不是爾等能明白的。」

果然，圈子不同不能強融，我和李邕交流了半天，他還是無法理解我安邦定國、經世濟民的學說，就像曾經很多人不理解趙蕤一樣。那還說什麼，又白跑一趟。

在返回館驛之後，想起李邕那嘲諷的笑聲，我是越想越來氣，遂提筆寫道：

大鵬一日同風起，扶搖直上九萬里。
假令風歇時下來，猶能簸卻滄溟水。
世人見我恆殊調，聞餘大言皆冷笑。
宣父猶能畏後生，丈夫未可輕年少。

仗劍去國

蜀道難，難於上青天，我的入仕之路亦然。原本滿心歡喜等我回家的父親，得知我干謁失敗，瞬間轉喜為悲，說道：「要不你還是別入仕了，跟我學經商吧，反正家裡日子也還過得去。」

「不，我就是要入仕做官，不僅要做，我還做宰相。」我堅定地說道。

「你說要入仕，我也支持你了，但你又不能參加科考，如今干謁也沒人搭理你，難道還有別的出路不成？」父親對我的想法表示懷疑。

「不，是巴蜀太小了，我想到更遠的地方去試試，天生我材，相信總能遇到一個願意舉薦我的人。」我信心滿滿。

「好吧，既然如此，那你便試試，只是你自己選的路，你要想清楚。」見我執意不肯放棄，父親便不再勸阻什麼了，畢竟我家裡也不缺錢，趁年輕，讓我多出去走走，增長一下見識也是好的。

之後，待我正式離開巴蜀，已經是開元十三年（西元七二五年）的事了。

那一年初夏，父親的生意夥伴吳指南，經過三年籌備，終於組建好東下經商的三艘貨船，我也得以搭乘他的船隊出蜀，就此告別了青蓮鄉，也告別了父親，此後都未再回去。

我記得離開那天是早晨，天還矇矇亮，江上閃著銀燦燦的波光，微風吹過，水浪拍打著水浪，遠處不時傳來幾聲悠遠的長嘯，讓人分不清是漁家的號子，還是山中的猿鳴。

此情此景，令我頓生豪邁之感，遂乘興立於船頭，獨自在風中揮舞起趙蕤送我的易水劍。想當年荊軻西入咸陽，高漸離為其彈劍而歌：「風蕭蕭兮易水寒，壯士一去兮不復回！」那曲調實在是太過悲涼，如今我東出巴蜀，定要長風破浪，衣錦還鄉！

司馬承禎

渡遠荊門外，來從楚國遊。

我們的船隊從白帝城碼頭出發，一路順江而下，穿過蜀山與巴水，很快便抵達了江陵地界，那裡地處山南東道，為荊州首府所在，過去它是古楚國的都城，現在它是長江中部最大的一座州府，連接著巴蜀和富庶的江南。

正是在江陵，我第一次遇到我的師公——司馬承禎，身為道教上清派第十二代宗師，他自號「白雲子」，那時已經八十多歲了，但仍然不辭辛苦，四處行走，向世人布施道門微言大義，上至當朝天子，下至田間庶民，無一不在他的布道之列。

當我們的船隊抵達江陵時，司馬承禎恰巧因要去南方傳道，途經此地，我便通報了趙蕤的姓名，邀他在江陵旅舍中相見，他也欣然應允。初次見我，他就歡喜不已，說趙蕤慧眼如炬，為大唐育一良才，還誇我氣度不凡，有仙風道骨，可與神遊八極之表。

「此番出蜀，意欲何為？」大師問。

「拜謁公卿，出將入相，功成則身退。」我說。

「功成身退，天之道也」，這是老子《道德經》裡的話，講的是人既要有進取之心，又不能過分貪戀權位，因為物極必反，萬物興衰起伏皆有天道，順應天道，方能不被表象世界所迷惑，方能於天地間自由行走，長存無礙。漢初的張子房懂這個道理，東晉的謝安石也懂這個道理，我想司馬承禎身為道門一代宗師，不會不懂。

「年紀輕輕，有此領悟，實在難得。」大師聽完，果然欣慰一笑，點頭表示認可。

司馬承禎的認可，讓我感激不盡，也讓我重拾了入仕的信心。是的，我年少時便自比於大鵬，有沖天之志，但蘇頲遺忘我、李邕輕視我，如今遇到司馬承禎，他就像是一隻世間罕見的神鳥，從九重天上專程下來度我飛升，那些凡鳥雛雀實在無法與之相比。

登黃鶴樓

江陵一別後，司馬承禎去了南嶽衡山，身為方外之人，對於我入仕之事，他不便過多插手，但臨走前，他還是為我寫了封推介信，把我介紹給了他的好友——當世第一隱逸詩人孟浩然。他說孟浩然廣交天下英傑，詩名頗大，或許會對我的仕途有所幫助。

之後，我和吳指南的船隊便繼續東行，直至抵達江夏才再次靠岸，因為傳言黃鶴樓正在舉辦一場詩歌酒會，而孟浩然也在其中。詩會由時任荊州長史韓朝宗主持，目的在於為朝廷選拔可堪任用的才學之士，引得附近的文人雅士紛紛前來赴會。

隱居在襄陽的孟浩然，是韓朝宗的重點邀約對象。而我，則屬於不請自來。

在這次詩會之前，黃鶴樓其實也舉辦過一場詩會。在那場詩會上，一個叫崔顥的年輕人因為在牆壁上題了首詩而名揚天下，也是因為他的那首詩，我放棄了此次題詩計畫。我承認，本人一生自負，很少佩服過什麼人，但說實話，看到崔顥的那句「黃鶴一去不復返，白雲千載空悠悠」，我還是被觸動了，自覺黃鶴樓已被崔顥寫盡，我不寫也罷。

鑑於崔顥的原因，我未能在黃鶴樓的牆壁上題詩，成為我人生的一大憾事，但也不能說此次詩會就毫無收獲，比如孟浩然，幾杯熱酒下肚，竟跟我成了忘年交。

正所謂「吾愛孟夫子，風流天下聞」——孟浩然隱於山野，耕讀為業，淡泊名利、灑脫飄逸的處世態度，比之陶潛亦不遜色，堪稱當代詩人楷模。

「待我功成身退，我想去鹿門山跟您一起隱居，您看行嗎？」我敬了杯酒，問道。

「你先『功成』了再說吧，別學我，我是沒辦法。」孟看了看我，搖頭道。

洞庭煙波

如孟夫子所說，他並非天生就喜歡隱居，只因科考不第，才不得不以退為進，這在大唐是很常見的現象，也是讀書人在科考、干謁之外，第三條入仕路徑。

《尚書》有云「野無遺賢，萬邦咸寧」，乃是太平盛世的標志，當今聖人為了實現這一政治理想，便會派人到各處名山尋訪遺落世外的高人隱士，希望他們能為大唐所用。有鑒於此，不少鬱鬱不得志的才學之士，乃至無所事事的江湖騙子，彷彿都瞬間找到了通往富貴的人生捷徑，紛紛遁入山林，或著書立說，或裝神弄鬼，只為能引起朝廷的注意。

多年後，孟夫子在長安與故交中書令張九齡相遇，寫下一首著名的〈望洞庭湖贈張丞相〉，就很好地表明了他對於仕途那種矛盾而又複雜的心情：

八月湖水平，涵虛混太清。
氣蒸雲夢澤，波撼岳陽城。
欲濟無舟楫，端居恥聖明。
坐觀垂釣者，徒有羨魚情。

開元十三年，同樣是八月，我隨吳指南的船隊也來到了洞庭湖。那是大唐中部最大的湖泊，盛產銀魚和蓮藕，水系眾多，方圓千里，像海一樣遼闊。這讓我想起幼時讀司馬相如的〈子虛賦〉，其中便有楚王遊獵洞庭的情景，如今親眼所見，我是既興奮又恐懼。興奮的是洞庭湖煙波浩渺，如同仙境；恐懼的是忽然刮起的大風折斷了桅桿，我們的船隻搖搖晃晃，面臨著傾覆的危險。

而悲劇便在那時發生——為了保護其他船員先行撤離，吳指南不慎落水染病，靠岸不久就去世了，我們只得在洞庭湖畔將他暫時就地安葬。

吳指南的死讓船隊一下失去了主心骨，所有人都悲痛不已，不知道今後該如何是好。我身為船隊中與吳指南最親近的人，只能強作鎮定，擔負起了領導船隊繼續前行的重任，畢竟大家出來一趟不容易，至少得把貨賣出去，讓大家賺到錢，才好回去跟老婆孩子團聚。

「按原計畫行動，前往金陵。」我說。

江左風流

吳指南做的是絲綢生意，主要是用貨船把成都的「蜀錦」運到吳地販賣，再從中賺取一定的差價和勞務費。絲綢在大唐屬於國貨，行銷海外諸國，從番邦使臣到西域胡商，無不對之望眼欲穿，而吳指南歷經三年籌集的「蜀錦」，至少可抵千金。

吳地的中心便是金陵，過去叫「建康」，作為六朝舊都，自永嘉之亂後，就一直是南方的政治、經濟、文化中心。儘管隨著大運河的開通，它被臨近的揚州超越，但仍然是一座貿易繁榮、商賈雲集，且底蘊深厚、人文薈萃的大都市，站在秦淮河畔，兩岸招搖的燈火，還是會讓人恍惚回到三百多年前，那個王謝風流的俊逸時代。

我的偶像謝安，曾經就生活在這片土地上。想當年淝水之戰，他坐鎮金陵後方，遠端指揮淮河前線的八萬北府軍精銳，大敗前秦苻堅八十萬大軍，使東晉王朝得以保存，也間接為後世延續了南方的漢人文脈，他也因之名垂青史。然而，在此之前，他一直被認為只是一個喜歡遊山玩水逛窯子的世家紈褲子弟，前後反差之大、隱藏之深，讓人不覺讚嘆。

進則建功立業，安邦定國，退則隱於山野，閒雲野鶴——謝安可以說是實現了魏晉名士最高的人生境界，因此得到了「江左風流」的美譽，而這也正是我所嚮往的人生。

扯遠了，說回金陵。歷經辛苦，我們的蜀錦總算如期交貨，經過我與買方的多次協商交涉，最後共得金三千兩，其中貨款所得二千五百兩，餘下五百兩是買方給吳指南的意外死亡撫卹金。

順利拿到錢後，我便讓同行而來的船員坐地分了，並囑咐他們回蜀時記得把吳指南的屍骨遷回故鄉安葬，同時務必把撫卹金交給他的家人。

揚州浪子

在金陵短暫休整後，我們前往揚州賣完了剩餘的絲綢，其他人便乘船返回蜀地了。臨行前，他們執意要給我三百金，作為此次交易成功的感謝。我推脫不掉，只得收下。

之後，我獨自留在了揚州，繼續著我的干謁漫遊之旅。「誰家今夜扁舟子，何處相思明月樓？」——這是多年前，我朝詩人張若虛站在揚州江畔時發出的感慨，他流傳的詩作並不多，但僅憑一首〈春江花月夜〉就足以讓他超越古今的大部分詩人，也正因此詩的名氣，後人便在他發出感慨的地方蓋起了一座「明月樓」。

我抵達揚州時，張若虛雖已被調往外地做官，不過我還是有幸住進了明月樓。這是揚州最有名的酒館，老闆也是張若虛的朋友，每次聽說有詩人前來住宿，他就會熱情邀請他們在酒樓的牆壁上題詩，我的那首〈靜夜思〉也是這麼來的。

在揚州，我總共待了一年多的時間。這期間，我終日流連於秦樓楚館之中。作為南方乃至整個大唐經濟最繁盛的城市之一，揚州也是無數達官顯貴們時常出沒的地方，而他們最喜歡去的，當然是秦樓楚館等歌舞娛樂場所。

為了引起權貴階層的注意，並得到他們的引薦，我學著偶像謝安年輕時的做派，每每出手闊綽，呼朋喚友，狎妓漫遊，靡靡不可終日。然這種做法，非但未能引起權貴的注意，反而帶給我「浪子」的名聲，除結交了一幫酒肉朋友之外，我一無所獲。

「不逾一年，散金三十餘萬，有落魄公子，悉皆濟之。」

後來，我在給安州長史裴寬的自薦表中如是寫道，儘管有很大的誇張成分，但揚州一年，的確花光了我所有的盤纏和積蓄，包括船員們答謝我的三百金。心灰意冷的我，迫於無奈，只得寫信向遠在襄陽的孟夫子求助。

入贅相門

開元十五年（西元七二七年）春，走投無路的我，經孟夫子的介紹，入贅進了安州許家。

安州離襄陽不遠。起初，孟夫子對我講起這門親事時，我是頗為牴觸的，但得知女方的祖父許圉師乃是高宗宰相，我還是決定去會一會這位許小姐。

「你這不是讓我去做入贅嗎？」我問。

「入贅怎麼了？當年司馬相如也是倒插門。」孟夫子安慰我道。

沒辦法，錢都讓我花光了，人窮志短嘛！許家是安州的第一大戶，據說祖上還曾和大唐高祖皇帝當過同窗，雖然我去時，許圉師老爺子已經過世了，持家的是他的兒子許員外，但家中依舊有良田千畝、藏書千卷、用人百餘，絕對是衣食無憂的富貴之家。

許員外膝下無子，唯有長女許晴兒雖早已成年，卻始終未能婚嫁，故而廣招天下英傑，希望能覓得一良婿上門，繼承許家的家業，為許家開枝散葉、壯大門庭。

初見許晴兒時，我二十六，她二十九，已屬於晚婚了。生於宰相之家，許晴兒從小知書達禮，甚至還會寫詩作畫，這讓我們溝通起來毫無障礙。此外，她還曾師從公孫大娘學過劍術，要知道公孫大娘可是裴旻的親師妹，而裴旻又是趙蕤的師兄，所以某種意義上，我們也算師出同門。

如此文武雙全的許晴兒，堪稱大唐一代才女，一般人自然很難入她的法眼，這也是她年近三十卻遲遲沒有婚嫁的原因——直到她遇見了我。

「你若為司馬相如，我願做卓文君。」她的臉微微泛紅，說道。

「好。」我看著她清澈如水的眼眸，默默點頭。

我想起當日在益州時，蘇頲曾誇讚我未來可比肩相如，如今來看，似乎是應驗了。

送孟浩然

入贅許家的頭三年，我主要是幫著許員外做一些打雜工作，比如清點家裡的日常收入開支，抑或去田間地頭視察佃農與租戶的勞動成果，也不能說有多輕鬆。

其餘時候，我也沒閒著，繼續找官員干謁。首先拜訪的是安州長史裴寬，他出生河東裴氏，名門之後，天寶初年曾出任范陽節度使，深得當地軍民的擁護。後因軍功日盛，為當朝宰相李林甫所妒，遭讒言被貶。再後來，李林甫便推舉了看似更好控制的雜胡安祿山接替他，北方從此成為危機發酵之地——當然，這都是後話了。

經過許家的運作，我最終得以與裴寬會面，並雙手奉上我洋洋千言的自薦表文。裴寬在看了我的表文後，似乎對我這個「倒插門」不太感冒，尤其是表文的最後一句「何王公大人之門，不可以彈長劍乎」，讓他很是不悅，問我道：「既是來干謁求官，為何還這般狂傲？」

我一時語塞，竟無言以對，只得悻悻然走了。

隨之，到了開元十八年（西元七三〇年）春，孟浩然得知我干謁無果，便邀我再次前往江夏黃鶴樓相聚。在他的介紹下，我第二次見到荊州長史韓朝宗，他同樣以樂於提攜後輩聞名。這次機會，我不可錯過，但有鑒於之前的教訓，我決定還是收斂一下往日的張狂之氣，並拍出了平生最大的一個馬屁：「生不用封萬戶侯，但願一識韓荊州。」

可惜的是，這一次我又失算了。這個韓荊州恰恰是個不喜歡溜鬚拍馬的人，在酒桌對飲之後，便把引薦我的事拋之腦後了，也算是熱臉貼了冷屁股吧。

唯一給予我些許安慰的人，或許就是孟浩然了。他一再勉勵我，讓我不要太著急，還說大唐之大，總有我施展才華的地方。對此，我表示感謝。

也是那次，孟浩然再次東下淮揚漫遊，看著他乘船遠去的身影，我寫了首詩為他送行：

故人西辭黃鶴樓，煙花三月下揚州。
孤帆遠影碧空盡，唯見長江天際流。

西去長安

同年初夏，鑒於我在荊楚干謁無果，許家人開始坐不住了，再次動用家族關係，直接把我送到了長安，拜謁時任宰相張說。沒辦法，許家畢竟是當地的名門大戶，好不容易招個上門女婿，連半點功名都沒有，怎麼也說不過去。

張說身為文壇領袖，自蘇頲去世後，他獨自主持大唐文壇，不斷為當今聖人選拔人才，若能得到他的引薦，飛黃騰達是遲早的事。但是天公不作美，待我抵達長安的時候，張說已經身患重病，臥床不起，只得委派他的兒子張洎接待我。

按理說，張洎身為張說之子，又是聖人的女婿，完全有能力舉薦我，可是壞就壞在，與他善於舉賢納諫的父親不同，此人氣量極其狹窄，難以容人，明明已經見識了我的詩賦文章，且大誇奇才，可是一聽我不過是許宰相家的上門女婿，他瞬間就變臉了。

是的，即使在開放包容的大唐，「倒插門」也依舊是受人歧視的群體。

不看僧面看佛面，礙於許家的面子，張洎不好直接回絕我，便把我安排在聖人妹妹玉真公主的終南山別館中寄住，還說有消息就通知我。結果我一等大半年，卻始終杳無音信。

我費盡心機，被人像馬球一樣推來推去，最後還是連聖人的面都沒見到。無所事事的我，只得與同樣寄住在終南山的道士吳筠、元丹丘等人往來唱和，每日飲酒作詩以自娛，不曾想，這一舉動竟引起了別館主人的注意。

或許是巧合，玉真公主在無意中聽到了館中有人在大聲誦讀我的詩：

玉真之仙人，時往太華峰。
清晨鳴天鼓，飆欻騰雙龍。
弄電不輟手，行雲本無蹤。
幾時入少室，王母應相逢。

混跡市井

因為一首〈玉真仙人詞〉，我得到了玉真公主本人的親自接見，原以為我會就此直上青雲，誰知在她召見我的第二天，得知消息的張洎，就派人悄悄把我請出了終南山。

是的，張洎這小子一直在派人暗中監視我，自己不願舉薦我也就算了，也不讓別人舉薦我，這是要把我往絕路上逼啊！此等心腸歹毒之人，想必日後也不會有什麼好下場。

就這樣，無處可去的我，也不好意思直接回安州，只得流落長安街頭，與市井紈褲子弟為伍，混跡於酒肆賭場之中。正所謂「仕途失意，賭場得意」，每每酒醉之後，我都大喊大叫，期望能逆風翻盤，大賺一筆，為此沒少跟人打架，好在我劍術還行，沒吃什麼虧。

但一直這麼混下去也不是辦法，面對安州不斷寄來的書信，我還是決定再去找一次張說，希望能越過張洎，直接與他當面表明心跡。可是還沒等我去到張說的府上，便傳來張說病逝的消息。張說一死，張洎就更不待見我了，彷彿完全不認識我這麼個人。

那是開元十八年的冬天，長安城內大雪紛飛，一代名相張說的死，震動朝野，身為「開元盛世」的股肱元勳，聖人為之罷朝三日，追贈其為太師，並親自在大明宮光順門外為其舉哀。送葬的隊伍排成了長龍，車馬儀仗，整齊肅穆，直奔洛陽陵墓而去。

大約是張說去世三年後，從嶺南來的張九齡接替了他的位子。對此，張洎十分不滿，竟與奸相李林甫勾結到一起，合謀將張九齡擠出了朝堂。

再後來，張洎與李林甫狼狽為奸十餘年，禍害了不少當朝忠臣，更要命的是他們還一手提拔了雜胡安祿山。緊接著，安祿山起兵造反，張洎投降，不久便死於亂軍之中。

可憐一代名相的兒子，竟落得這般不堪的結局，也不免令人唏噓。

訪元丹丘

張說一死，我在長安已無寄託，遂萌生退意。恰巧也是在那時，我收到元丹丘從嵩山寄來的信，說上次終南山一別，甚是想念，特邀我前去與他相聚，坐而論道，飲酒賦詩，豈不美哉。

於是，開元二十年（西元七三二年）秋末，帶著些許不甘，我毅然離開了長安，第一次入京之旅也就此宣告結束。之後的整個冬天，我都和元丹丘待在嵩山少室峰上修行。

《詩》云「嵩高唯嶽，峻極於天」，嵩山作為五嶽之一，地處天下之中，北瞰黃河，南臨潁水，西與東都洛陽相連，自古佛道興盛，高人隱者雲集。得知我的到來，元丹丘也很給面子，竟把方圓十里的名流雅士都叫了過來，為我設席暢飲。

北冥有魚，其名為鯤。鯤之大，不知其幾千里也；化而為鳥，其名為鵬。鵬之背，不知其幾千里也；怒而飛，其翼若垂天之雲……

元丹丘平日酷愛莊子，宴席之上，見我有些悶悶不樂，他竟忽然起身，為眾人唱起莊子的〈逍遙遊〉，他的歌聲嘹亮高亢，如神諭一般在大廳回蕩。想起我在長安的冷遇，想起這些年四處干謁的無奈，或許也只有莊子能給我以解脫。

是啊，人世的功名利祿，終是過眼雲煙，既然要做扶搖直上的大鵬，何必糾結於一些無關緊要的事情，傷心又傷肝，實在不值得。

主人何為言少錢？逕須沽取對君酌。五花馬，千金裘，呼兒將出換美酒，與爾同銷萬古愁！

喝就完事了。

「太白啊，我方才唱得如何？」丹丘問。

「恍若天籟，令人神清氣爽。」我說。

「那你是不是該寫首詩謝謝我呀？」他笑道。

於是，〈將進酒〉如黃河之水奔騰而來。

桃花流水

開元二十一年（西元七三三年）正月，嵩山冰雪消融時，我才戀戀不捨地與元丹丘辭別。

也是在那時，當今聖人頒行了他親自作注的《道德經》，並令天下士庶之家皆藏一冊，同時規定每年貢舉加試《老子》策，進一步明確了道家的國教地位。

之後，我厚著臉皮返回了安州許家。沒辦法，他們讓我去長安找張說，我也找了，現在張說去世，我干謁無人，入不了仕，也不能全怪我吧！

然而並沒我想的那麼簡單，得知我再次干謁無果，失望透頂的許員外毅然將我趕出了家門。花了那麼多財力物力，我還是爛泥扶不上牆。

唯有許晴兒仍對我不離不棄，她不顧許員外斷絕父女關係的要挾，毅然隨我到安州城外的白兆山開田隱居。對此，我感動不已，後來我才知道，原來她那時已懷有身孕。

桃花流水窅然去，別有天地非人間。

白兆山和戴天山很像，山上也開滿了桃花，我和許晴兒就在這桃林之中搭建石室，每日以耕田讀書、飲酒舞劍，雖然辛苦，卻也快樂，頗有幾分陶淵明歸園田居之感。

「嫁給我，妳後悔嗎？」我看著她一天天大起來的肚子，問道。

「不，選擇你，是我做過最對的決定。」她說。

再後來，三十五歲的許晴兒，為我生下了一對龍鳳胎，我替兒子取名伯禽，女兒取名平陽──「伯禽」與「平陽」都是古聖先賢，我想也只有這樣的名字才能配得上我的孩子。可憐的是許晴兒，高齡產子讓她原本健康的身體，瞬間就垮了。

由此，為了讓許晴兒得到更好的休養，同時也為給予剛出生的孩子們更好的照顧，我不得不做出妥協，帶著妻兒離開了白兆山，再次返回許家，請求許員外收留。

掃地出門

看在許晴兒和外孫的份上，許員外最終不計前嫌，放我進了家門。而我也答應他從今往後都不再出去鬼混，並許諾三年內必定謀個一官半職，絕不讓他們許家丟臉。

時光匆匆流走，伴隨兩個孩子漸漸長大，我原以為日子就這麼過了——讀書、練劍、寫詩、干謁、入仕，生活平淡而充實，只要按既定的目標前進，終有鐵杵成針的一日。然天公不作美，許晴兒垮掉的身體還是沒有熬過三年的期限。

開元二十四年（西元七三六年）秋，許晴兒因為一場風寒，病情加重，不久便去世了。在她死後，許家對我的態度一百八十度大轉彎，不僅逼著我淨身出戶，還想剝奪我對兩個孩子的撫養權，從此都不許我踏進許家的門檻。在他們看來，許晴兒的死，我要負全部責任。

自古忠孝不能兩全，愛情與事業又何嘗不是？為了兌現我和許員外三年之約的承諾，在過去的三年裡，我往來於安州與洛陽之間，幾乎很少回家照看妻兒，不為別的，就為能見上聖人一面。那時候，因為長安發生了嚴重的洪澇災害，聖人主要在洛陽辦公，這樣也好，方便我找他。

但是很可惜，我找他，他不找我啊！即使近在眼前，我也依舊無法得見聖人的龍顏。在這期間，我先後寫作〈明堂賦〉與〈大獵賦〉來歌頌聖人的文治武功，以及當今之盛世遠超秦漢的氣概，卻始終沒有機會把它們呈獻到聖人的御前。

直到開元二十三年（西元七三五年）的到來。那一年，大唐名將張守珪在北方大破契丹，親自率隊來洛陽向聖人報捷，聖人聞之大喜，不僅在應天門城樓上為其舉行了隆重的封賞大典，同時還下詔凡有才學者均可前往參與，作詩獻賦，以彰我大唐天威。

我知道我的機會來了。

雜胡祿山

但是很可惜，這次難得的面聖機會，竟讓安祿山攪和了。他身為張守珪的義子，此次也隨隊來到洛陽，還因功授封平盧兵馬使，正式步入大唐武將序列。

雖然那時，我並不認識安祿山，但當他騎著高頭大馬從我身旁經過時，我還是一眼便注意到了他，畢竟他的模樣實在太過異於常人，是那種我幼時在西域常見的胡人長相，肥頭大耳，滿臉落腮鬍，一雙渾濁的藍眼睛，偶然間對視，讓人有些不明所以。

「你在看什麼？」他騎著馬，停駐在我身旁，問道。

「我在看洛陽。」我說。

「洛陽不就在你眼前嗎？」他笑道。

「此洛陽非彼洛陽，我心中的洛陽有錦繡文章，繁華不可估量。」我說。

「莫名其妙。」說完，他便揮鞭策馬進了城。

與此同時，鑒於我的「莫名其妙」讓他很是惱火，他隨即命令手下軍士將我擋在了城外，正如他所說：「既然這不是你心中的洛陽，那便在城外好好待著，別進去了。」

你說這讓我找誰說理？這個雜胡從開始就跟我過不去。由此，站在城外的我，只能眼巴巴地看著安祿山，看著他如何大搖大擺上了城樓，如何在聖人和群臣面前，恬不知恥地吹噓自己勇猛無匹，殺得契丹倉皇逃竄，鬼哭狼嚎。

只聽見他嗓門洪亮，語態恭順，逗得聖人哈哈大笑，群臣也跟著一起笑，那笑聲從城樓上一路飄到我的耳朵裡，我只感到陣陣噁心在胸口迴盪，久久不能散去。

北上東魯

因為安祿山的攪和，我再次與聖人失之交臂。同時，也因此未能兌現曾向許員外許下的諾言，最終自食惡果，在許晴兒病逝的第二天，我就被許員外趕出了家門。

與我一起離開的，還有平陽和伯禽，本來許家是不同意的，奈何我有長劍在手，自是無人敢擋。之後我帶著兩個孩子，精神恍惚，茫然流落於街頭，好似喪家之犬。

那麼，我還能去哪裡？回綿州與父親團聚？不，功名未成，仕途未就，還遠沒有到回歸故里的時候，想來想去，我最終決定去找元丹丘幫忙，畢竟他認識的人多。

由此，在元丹丘的建議下，我帶著倆孩子一起去了東魯，不久便與劉娥成了親，開始了新的生活。之所以選擇東魯，除了劉娥外，主要還是考慮我有不少族叔兄弟在東魯做官或經商，雖談不上什麼高官巨賈，但相互之間，多少還是能照應一下。

更重要的是，我終於有機會拜會師伯了。說來也巧，劍聖裴旻晚年退休之後，就一直定居在故鄉兗州，那裡離劉娥的家不遠，使得我有機會時常登門請教。

至於裴旻，在看了趙蕤的推薦信還有我手中的易水劍後，終於相信我是趙蕤的徒弟，對我關懷備至，不僅將自己「十步殺一人，千里不留行」的獨門劍法悉心傳授於我，還以他在北方與契丹對戰多年的經驗，與我大談當前北方邊境的戰略局勢。

裴旻表示，契丹起初不過是北方寒林中一些鬆散的部落聯盟，本不足為慮，奈何張守珪與安祿山等邊境將領，為能持續不斷地獲得朝廷的軍功封賞，養寇自重，讓北方始終戰事不息，不得安寧，將來必成我大唐之巨患。對此，我深以為然。

四明狂客

大約兩年後，即開元二十六年（西元七三八年）春，元丹丘從長安來信，邀我再去一次長安，說要帶我認識一個人，而此人將直接關係到我未來的仕途與命運。

此話一出，我自是不遠千里，欣然赴約了。

我們見面的地方，在長安鬧市的一家酒樓中，名曰「花間樓」，開店的老闆叫焦遂，以嗜酒善談聞名，後來與我及另外六人被合稱為「飲中八仙」。

元丹丘要帶我見的人，也是「飲中八仙」之一，當今聖人身邊的紅人——賀知章。

初見賀知章時，他已年近八旬，雖鬚髮皆白，卻滿面紅光，看不出半點衰老。說起他，也堪稱傳奇，他是有唐以來越州的第一位狀元，以老家四明山為號，自稱「四明狂客」，又與張若虛、張旭、包融齊名，並稱「吳中四士」。

在仕途上，賀知章同樣值得稱道，從則天皇后至今，他歷仕四朝，因辦事穩妥、博學多聞，深得聖人的喜愛，官至太子賓客、銀青光祿大夫兼正授祕書監——所謂「祕書監」就相當於國家圖書館館長，與宰相平級，所以人們也叫他「賀監」。

「聽丹丘說，太白也愛飲酒？」這是賀知章對我說的第一句話。

「會須一飲三百杯。」我說。

「如此甚好。」他欣慰一笑，摸著自己臉上的長鬚，點了點頭。

於是，我們一邊喝酒，一邊談天說地，一直聊到深夜，在看過我的〈蜀道難〉後，他更是喋喋稱讚，誇我舉止瀟灑不羈，下筆更是氣象萬千。

「真乃太白金星下凡，謫仙人也。」他感嘆道。

「此話怎講？」元丹丘笑了笑，問道。

「若非謫仙人，凡間哪有這樣的生花妙筆？」他說。

這不巧了嗎？我母親生我時正好夢見過太白金星。

三王枉死

之後，在賀知章和元丹丘的安排下，我得以再次前往終南山與玉真公主相見。

第二次見面，公主首先對我上次的不辭而別表示埋怨，說我好生無禮。我只得向她解釋緣由，說我也是迫不得已，當初是張洎暗中派人趕我出山，令我不得與她相見。她這才原諒了我，同時也表示對張洎好感全無。

這次的終南山之會，除了我、玉真公主、賀知章、元丹丘外，吳筠、崔宗之、張旭等人也在場，一番詩酒唱和之後，眾人紛紛敞開了心扉，吐露出心中所向——有人說，願作閒雲野鶴，潛心修道即可；有人說，願學魏晉風流，隱於山林，詩酒為伴。

唯獨我，與灑脫的眾人不同，我心中仍放不下廟堂，仍想能為大唐盛世出一份力。於是，藉著酒勁，我再次提起入仕之事。不曾想，這竟讓公主感到為難了。

經過賀知章提醒，我才明白公主為難的原因。自從去年，聖人連殺三子之後，皇室干政再次成為禁忌。是的，你沒聽錯，聖人一連殺了自己的三個親生兒子。

去年，即開元二十五年（西元七三七年），深受聖人寵幸的武惠妃，為了扶持自己的兒子壽王李瑁為太子，夥同奸相李林甫等人，誣告太子李瑛、鄂王李瑤、光王李琚三人謀反，結果聖人一怒之下，竟將這三個兒子一同處死。虎毒還不食子，聖人的這一行為讓人無法理解，朝野聞之震動，百官貴戚，無不噤若寒蟬，生恐波及自己。

所以，鑒於朝堂如今的局面，公主若此時貿然引薦我，不僅於我的仕途毫無增益，甚至連她自身也會遭來「干政」的非議，萬一激怒聖人，後果不堪設想。

「那現在我該怎麼辦？」我問。

「為今之計，還是先回家耐心等候。」公主揮了揮手上的拂塵，說道。

「就這麼回去了？」我問。

「只能如此，待時機成熟，我再為你引薦。」她說。

巨星隕落

我本楚狂人，鳳歌笑孔丘。

辭別長安之後，我又回東魯待了幾年。作為孔孟聖人之鄉，從「稷下學宮」開始，這裡便聚集著眾多文人儒士，引領一時學術風潮。然今時不同往日，如今的齊魯儒生們，雖滿口忠孝仁義、君臣父子，卻毫無現世的建術，堪稱思想的巨人，行動的侏儒。

有一個人例外，他就是裴旻。身為大唐「劍聖」，他身出名門河東裴氏，從小文武兼備，朝中很多文人都曾寫詩頌揚過他的劍法與人品。他很早就在邊關帶兵打仗，鎮守河北時，使契丹不敢犯北境，功成身退之後，又毅然回故鄉東魯歸隱，氣度與風骨堪稱當代謝安。

只可惜天妒英才，開元二十八年（西元七四〇年），已過古稀之年的裴旻，某天夜裡因醉酒落馬，不幸病亡。他前半生在馬上征戰，如今死於馬上，也算死得其所了。

後世的人，將裴旻的劍法、張旭的草書和我的詩歌，並稱為「大唐三絕」，而在裴旻去世後，我成了裴旻劍法的唯一傳承人，也就是說我一人獨占了兩絕。

同一年去世的，還有孟浩然，他的死也與飲酒有關。自從當日黃鶴樓一別，我和孟浩然就再也沒見面，後來聽說他去長安參加了一次科考，不幸落榜後，就一直隱居在老家襄陽鹿門山，詩酒田園，耕讀為樂，簡直羨煞旁人。

然而孟襄陽又豈是一個自甘寂寞的人。身為盛唐詩壇表率，他依舊交友不斷，每次有朋友來訪，他都熱情招待。直到那天，王昌齡從南方歸來，路過襄陽，兩人相談甚歡。

好友相聚，飲酒賦詩本是快意之事，壞就壞在老孟實在太過熱情，不顧自己的背瘡與大夫的勸阻，非要親自去漢水邊打撈河鮮，讓王昌齡下酒，而正是這頓河鮮，激化了老孟的背瘡，使他本將痊癒的瘡口再次破裂，從此一病不起，不久便鬱鬱而終。

也因此事，王昌齡大受打擊，後來每回路過襄陽，他都會放聲大哭，不能自已。

太真還俗

天寶元年（西元七四二年），隨著朝中局勢的緩和，在東魯忍受了劉娥四年白眼之後，我終於收到了賀知章等人的來信，帶著聖人親下的詔書，再次前往長安。

也是在那一年，我第一次見到那個叫楊玉環的女人。我和她幾乎是同時進入宮中，那時她還沒有被聖人正式冊封為貴妃，只是剛從道觀中還俗不久的太真道士。作為蜀地的老鄉，她一顰一笑，都散發著蜀人獨有的天真與爛漫，難怪聖人甘願冒天下之大不韙，也要把她從自己的兒子手中搶過來，據為己有。

為了慶祝太真還俗入宮，聖人在華清池大擺宴席，王公貴戚、番邦使臣，悉數到場。宴會自然要歌舞助興，於是經我填詞，由宮廷首席樂師李龜年親自演唱的〈清平調〉隨之而來，這本是我眾多詩作中的庸常之作，卻因這次宴會被人反覆提起，實在慚愧。

緊接著，太真入宮還不滿兩年，聖人就急不可耐要冊封她為貴妃，這立刻遭到賀知章等朝中老臣的強烈反對，認為天子以仁孝治國，此等有違倫常之事，斷不可行，既敗壞大唐綱紀禮法，又損傷天子威儀，恐將恥笑於天下，於江山社稷不利。

對此，聖人不以為然，他只覺得這幫老臣年邁迂腐、小題大做，並未予以理睬。更何況他前半生勵精圖治，為大唐締造近三十年太平盛世，如今國泰民安，萬邦來朝，百姓無不對其稱頌有加，現在自己稍微享受一下，也不算過分。

幾番勸諫無果後，自知無力回天的賀知章，便很識趣地辭官還鄉了，畢竟他也八十多了，沒幾年活頭了，趁著入土前，回鄉安度晚年，也合情合理。

對此，聖人也很給面子，有感於他多年來在朝中的貢獻，不僅同意了他的請辭，還把他家鄉的鏡湖[53]賞賜給了他，為他在湖畔修建別墅，供其頤養天年。在他離開長安那天，聖人更是親自寫詩相贈，並命太子率百官為其餞行，堪稱人臣典範了。

[53] 今紹興鑑湖。

煉丹長生

直至天寶四載（西元七四五年），聖人才終於排除萬難，如願將楊玉環冊封為貴妃。

由於武惠妃死後，聖人不再冊立皇后，楊玉環便成了實際意義上的皇后，聖人對她的嬌寵日甚一日，她的兩個姊妹都被招到長安，獲封國夫人，連她的族兄楊國忠也雞犬升天，一路升遷，後來竟取代了李林甫，成了大唐的宰相，楊家的權勢可謂滔天了。

也是那一年，我被劉娥趕出家門後，帶著兩個孩子投靠了泰山紫薇觀的高天師，並與他的義女高陽完婚，開始了辟穀隱居、修道煉丹的全新生活。

是的，隱居泰山之後，我迷上煉丹術。其實我最早接觸煉丹術，還是在戴天山跟隨趙蕤學徒的時候。那時只覺得他在故弄玄虛，興趣並不大，不曾想多年後，自己竟也沉迷其中，不能自拔。

相傳這煉丹之術，從先秦時就有了，最有名的當屬秦始皇。當年他掃滅六國之後，為了讓自己的統治永世長存，派人四處尋找長生不老藥，甚至還為此委命方士徐福率領船隊，攜三千童男童女，東渡蓬萊。船隊去向至今成謎，而這個「長生不老藥」即是丹藥的一種。

經歷代道人的不斷鑽研與改進，到大唐年間，「煉丹術」已然成為一門顯學，不少精通「煉丹術」的道人都被招入皇宮，比如我的好友司馬承禎、元丹丘、吳筠都是這方面的高手。我既已得了道籙，自當潛心鑽研此道，也不失為進入朝堂的另一條門路。

正當我煉丹煉得起勁的時候，一個人的到來卻潑了我一盆冷水，他就是杜甫。那是自天寶三載的河北之遊分別後，我們的第二次見面，也是最後一次。

這次見他，他比上次更加消瘦了。他說要去長安應考，還勸我不要煉丹走火入魔，當年秦始皇和我朝太宗皇帝，都是丹藥吃多了，匆匆駕崩的。

對此，我只覺得他年輕無知，還不懂得尋仙修道的真正樂趣。

東山再起

不知不覺，數載光陰飛逝，我的仙丹還沒有煉出來，高陽和幼子卻都匆匆離我而去。為不辜負高陽臨終前的期望，我只得中止了煉丹計畫，再次離開東魯，外出謀取仕途。

再後來，我便在宋州梁園遇見了宗琰，她年輕貌美，且與許晴兒一樣都是名門，從小知書達禮，琴棋書畫，無所不精。

宗家是宋州大族，宗琰的祖父宗楚客不僅做過宰相，還是則天皇后的外甥，他們家族的關係網有多大，可想而知。儘管後來唐隆政變，宗楚客站錯隊，依附於韋后一黨，致使宗氏一門就此敗落，但畢竟祖上曾經闊過，在朝中依舊有不少的舊交與相識。

比如宗琰，身為宗家的掌上明珠，與朝中權貴亦多有往來，比如李林甫的女兒騰空道姑就與她私交甚密，兩人曾相約一起去廬山修道，是難得的閨中姐妹花。後來安祿山造反，北方戰亂，正是在騰空道姑的幫助下，我才得以帶著宗琰南逃至廬山隱居避難。

相比劉娥，宗琰待我要寬鬆得多，她既不催促我求取功名，也不嫌棄我喝酒貪杯，如果我要做謝安，那她便讓我做謝安，經常跟我一起遊山玩水，尋仙訪道，好不快活。

我們執子之手，我們舉案齊眉，街坊鄰里見了，羨慕不已，紛紛誇讚我們好一對神仙眷侶，而我也因有了宗琰的照料，老樹發新芽，重獲新生。

就這樣，時間恍惚到了天寶十載（西元七五一年），應好友吳筠道長的邀請，我帶著宗琰前往揚州明月樓，共赴千秋佳會，月色當空，我們自是大醉一場。期間，吳筠還多次邀我與他一起去天台山修道歸隱，當得知我還想著入朝為官，他拚命搖頭，說如今朝中暗流湧動，內有奸人掌權，外有邊將做大，長此以往，必出禍亂，勸我別去蹚這趟渾水。

對此，我不以為然，並表示果真如他所言，我更應挺身而出，為聖人掃除奸佞、匡扶朝綱。吳筠無奈，只得嘆氣，不久便與我們辭行，獨往天台山去了。

阿倍仲滿

天寶十載的揚州，繁華依舊，我和宗琰在此一待便是數年。之後，我帶著宗琰再次遊歷了金陵、姑蘇、錢塘等吳中故地，並親往鏡湖為老友賀知章掃墓。大約在辭官回鄉的半年後，「四明狂客」於睡夢中安然離世，他生逢盛世，位極人臣，活了八十多歲，詩酒快意了一輩子，臨走落得清淨自在，也算不枉此生。

在賀知章之後，接任祕書監的人叫晁衡，日本名叫阿倍仲麻呂，也稱阿倍仲滿。他是在大唐出任高官的諸多外國友人之一，不滿二十歲就隨遣唐使來到大唐，因仰慕大唐之風，決定留在大唐生活，並在聖人的特許下，進入國子監與皇家貴族子弟一起研習漢文經典，最後還憑著聰明才智，順利通過了科考，入朝做官。

果然，還是外來的和尚好念經，晁衡比我運氣好太多，著實讓人嫉妒。

但是嫉妒歸嫉妒，我和晁衡其實很早就認識，並且還成為了不錯的朋友。具體怎麼認識的，我也記不清了，可能是在賀知章家的酒宴上，抑或是在長安的坊市裡，總之，在幾番宴飲酬唱之後，我們深感脾氣對頭，互相引為知己。

天寶十二載（西元七五三年）的夏天，晁衡也從長安來到了揚州。我得知後欣喜不已，便直接前往他的住處揚州延光寺與他相見。據說他此次是奉了聖人的詔命，跟隨遣唐使船隊回訪他的母國日本，身為一個日本人，此時他已在大唐生活了三十餘年。

期間，晁衡也曾以雙親年邁為由，請求歸國，但終因聖人挽留而未能如願。直到天寶十一載（西元七五二年）的年末，他的同鄉藤原清河、吉備真備等人再次來訪大唐，故人久別重逢，他的思鄉之情再起，於是再次上書，請求與遣唐使一同歸國，聖人這才勉強應允。

而此時的晁衡，也早已從當初那個求知若渴的少年，變成一個年過半百的老者了。

鑑真東渡

日本晁卿辭帝都，征帆一片繞蓬壺。

剛一見面，就得知晁衡要回國的消息，多少讓我有些意外。晁衡告訴我，他此番來揚州，一則是為出海歸國的航程做準備，二則是為了請一個和尚，那和尚不是別人，正是延光寺的鑑真大師。大師年少出家，為僧四十餘載，深通佛家律藏，經他剃度受戒者，前後多達四萬餘人，深得淮揚一帶信眾的愛戴。

據說，從天寶元年起，便有來唐的日本僧侶邀請鑑真東渡傳法，幫助日本完善佛家戒律，對此，鑑真不顧弟子門人的勸阻，毅然答應，怎奈大海茫茫，風高浪阻，他歷時六年，嘗試了五次都沒有成功。期間，他的船隊還曾多次遭遇風暴和劫匪，他的大弟子也於途中坐化，就連他本人也因水土不服染病，導致雙目失明，險些命喪大海。

所有人都覺得歷經數次海難之後，鑑真肯定不願再冒險渡海了，但晁衡還是決定去試一試。與他一同前去的還有遣唐使藤原清河、副使吉備真備等人，他們帶著全體日本信眾的誠意，頂著烈日，在延光寺的門外等了三天三夜，大師這才同意與他們相見。

「我什麼都看不見了，你們找我又有何用？」鑑真問。

「您的眼睛雖然看不見了，但您的心中卻裝滿了大千世界、芸芸眾生。」晁衡恭敬對答。

「我謹代表日本天皇，請您此次務必與我們一同前往日本，相信您的智慧，必將指引我們找到更光明的未來。」藤原清河也虔誠跪拜於地，說道。

「善哉善哉。」鑑真雙目微閉，雙手合十，這一刻他等得太久了。

是的，老天終究不忍辜負鑑真。

當年的十月，趁著秋高氣爽，西風正盛，鑑真搭乘遣唐使的船隊再次出海，初冬時便順利抵達了日本本土，並在遣唐副使吉備真備的陪同下，得到了日本天皇的隆重接見與禮遇，歷經十二年磨難，他總算是實現了自己渡海傳法的夙願。

族叔陽冰

不走運的是晁衡與藤原清河，他們所乘船只因為觸礁，不能繼續航行，與其他船隻失去聯絡，後又遭遇風暴，直接把他們連人帶船吹到了交趾[54]。

在交趾，他們又遭遇當地土著的劫殺，除了他們自己外，其餘船員全部遇害。二人死裡逃生後，歷經艱險，最終於天寶十四載（西元七五五年）的六月，重新返回了長安。他們眼見歸國無望，便索性繼續留在大唐，到死都沒有再回過日本。

也是在那一年，我和宗琰從揚州出遊返還，前往宣州[55]當塗縣拜會族叔李陽冰。

李陽冰很早就隨家人離開了蜀中，雖年紀跟我差不多大，但按照家族輩分，我還是得管他叫聲「叔叔」。他自幼好學，善工篆書，走的是傳統讀書人的路，學而優則仕，儘管只是個當塗縣令，但也頗有政績，深得當地百姓的稱讚。

見我已有家室，李陽冰很高興，他希望我能早日安定下來，如此，我的父親泉下

[54] 今越南北部。
[55] 今安徽宣城一帶。

有知，也會感到欣慰。是的，此時我的父親已在綿州去世，與他同年去世的還有趙蕤，他們都死在了天寶元年，也就是我奉詔入長安的那一年。

告知我父親去世消息的人，正是李陽冰。由於這些年我四處漂泊，居無定所，我與父親已許久不曾通信了，他只能託李陽冰等在蜀外的宗族兄弟，代為打聽我的情況，得知我仍在為干謁入仕奔波，他倍感惆悵，卻也無可奈何。

據說父親臨終前最大的心願，是希望我能回綿州看看，怎奈最後還是抱憾而終。對此，我萬分慚愧，自二十四歲出蜀，我就再未踏足那片土地，但那裡的一草一木都深深長在我的心裡，從來不敢忘懷。我想，待我扶搖直上之日，便是我返回故鄉之時。

「以後你們就住在我這裡吧，都是一家人，也好有個照應。」李陽冰說道。

涇縣汪倫

正是在當塗，我意外收到了一封從涇縣寄來的信。寄信人叫汪倫，自稱是大唐開國功臣越國公汪華的後代，涇縣當地的大戶，因久慕我的詩名，聽聞我來宣州，他十分興奮，知道我喜愛桃花與美酒，便在信上誇下海口說，涇縣桃花村有十里桃林與萬家酒樓，特邀我與夫人前去相聚，玉盤珍饈，金樽清酒管夠。

涇縣離當塗不遠，一聽有酒有肉，我自是按捺不住，第二天就帶著宗琰，乘船沿水路直奔涇縣去了。結果一到地方，看著眼前冷清的小村莊，我的心瞬間就涼了半截。

「十里桃林在何處？」我強壓心頭的怒火，問道。

「先生乘船所經過的潭水，名喚桃花潭，方圓十里，故稱『十里桃林』。」汪倫答。

「那萬家酒樓又何在？」我接著問。

「村口有一酒館，開店的老闆姓萬，故稱『萬家酒樓』。」汪倫一臉憨笑。

是的，我李白聰明一世，居然被汪倫給騙了！但當我為此懊惱不已，準備帶著宗琰反身離開時，站在汪倫身旁的小孩卻突然大哭起來，他一邊哭，還一邊背我的詩：

君不見，黃河之水天上來，奔流到海不復回。君不見，高堂明鏡悲白髮，朝如青絲暮成雪。人生得意須盡歡，莫使金樽空對月。天生我才必有用，千金散盡還復來。

……

「請太白先生留下吧，我家小兒平日最愛誦讀先生的詩，今天是他的八歲生辰，他最大的心願便是能和您一起讀詩，為幫他完成心願，我才出此下策。」汪倫哀求道。

「行吧，我這可都是為了孩子。」我抹了抹孩子的眼淚，說道。

「感謝先生理解，今日就請您開懷暢飲！」汪倫連連作揖，邀我入席。

桃花潭水

桃花潭水深千尺，不及汪倫送我情。

我和宗琰在桃花村待了三天，汪倫也陪我喝了三天。三天裡，宗琰每日與汪夫人一起教孩子讀書習字，孩子甚至親切地稱呼她為乾娘，我們彷彿成了一家人。

臨近分別，我和汪倫又大醉一場。我一生與無數人喝過酒，其中不乏帝王將相，相比而言，汪倫實在太過普通，但與他喝酒，我卻感到無比安心。

這裡沒有官場傾軋的爾虞我詐，沒有世道人心的諸多變化，有的只是雞鳴相聞、炊煙裊裊，有的只是一個人對另一個人的關心與勸慰，而汪倫就是那個關心我的人。世人都說我是詩仙，清高孤傲，不畏權貴，卻看不出我內心深處的孤獨與痛苦，但汪倫不一樣。

汪倫一再勸慰我，說我不應再去朝中求官，那些王公大臣們終日尸位素餐，把朝堂搞得烏煙瘴氣，論人品與胸懷比我差遠了，我應寄情於山水之間，安心寫詩才是。

「汪兄所言，正是太白心中所想，怎奈世道不平，我實在無心歸隱。」我說。

聽完我的話，汪倫無可奈何，他像當初的吳筠一樣嘆氣，然後以酒相送。

我記得是在一個尋常的傍晚，汪倫酒醉未醒，我不忍擾醒他，在悄悄向汪夫人辭行後，就帶著宗琰去了桃花潭渡口。傍晚的斜陽，照耀著水面，岸邊僅幾棵桃樹，風一吹，花瓣隨風飛舞，我們的船隻也即將駛離這小小的村莊。

但就在這時，我忽然聽到岸上傳來的歌聲，是汪倫和他的家人，在為我們唱歌送行，只見他們雙腳踏著大地，節奏歡快而有力，那歌聲聽起來讓人心曠神怡。

「太白先生，記得以後要常回來做客啊。」汪倫喊道。

「乾爹乾娘，我會想你們的。」汪倫的孩子也在喊。那場面讓我動容不已，相識不過幾日，他們就待我們如此熱情，我們實在受之有愧。

「他們那是喜歡你的詩，你應該為他們寫詩。」宗琰對我說道。

「好。」對此，我欣然點頭。

避難廬山

大概在我們從涇縣返回當塗半年之後，北方的雜胡安祿山就造反了。

那是天寶十四載的冬天，安祿山與史思明以討伐奸相楊國忠的名義，從范陽領十五萬精兵南下。承平日久的中原部隊因戰備鬆弛，根本無力阻擋，致使叛軍一路燒殺劫掠，很快便攻陷了東都洛陽。天寶十五載正月，安祿山於洛陽稱帝，偽燕政權建立。

不久，宗琰的老家宋州也被叛軍圍困，致使我們有家不能回。最終，我們在李陽冰的建議下，前往廬山投靠宗琰的好友騰空道姑。至於李陽冰自己則決定去往前線參與平叛，他還表示只要有合適的機會，也會引薦我再次出山，與他共同掃除奸佞，匡扶大唐。

日照香爐生紫煙，遙看瀑布掛前川。
飛流直下三千尺，疑是銀河落九天。

廬山有天然的屏障，山高水長，完全隔絕了外界的戰火紛飛，我們在這裡很安全。但我一刻都不曾忘記為大唐平叛，每天都在等待著李陽冰的消息，每天都在揮舞著趙蕤送我的易水劍，只希望有朝一日能夠上陣殺敵，報效國家，安定黎民。

然而，或許是因為前線的戰事過於激烈，李陽冰在戰亂中與我暫時失去了聯繫。最終來廬山請我下山的人，是離此更近的永王李璘，也就是聖人的第十六個兒子。

天寶十五載（西元七五六年）六月，潼關失守，長安告急，李璘隨聖人倉皇出逃蜀地。七月，他的皇兄李亨在靈武登基，是為肅宗，改元為「至德」，並遙尊聖人為太上皇。

幾乎與此同時，李璘被聖人任命為山南東路、嶺南、黔中、江南西路四鎮節度使，江陵郡大都督，出鎮江陵，掌控著南方的大部分兵馬及租賦，實力不可小覷。

永王李璘

三川北虜亂如麻，四海南奔似永嘉。

雜胡安祿山的叛亂，把北方攪得亂七八糟，成千上萬的人自北向南奔逃亡命，此情此景，恍若東晉時的永嘉之亂。永王在此時請我出山參與平叛，自是讓我感動不已，而我上次這麼感動，還是天寶元年聖人一紙詔書宣我進長安的時候。如今，一晃十五年過去了，本以為我再也無緣實現年少時輔國安民、位列卿相的志向了，誰知年近六旬，居然又讓我遇見了永王。

既然他有三顧茅廬的誠意，那我就做一回諸葛亮，當一回謝安石，為他披荊斬棘，為他彈劍而歌，為大唐蕩平奸佞。

但是希望越大，失望越大。等我真進了永王幕府才明白，他並無出兵平叛的打算，把我招進來不過是想充當一下門面，他的真正意圖是要領軍東下，直取江淮之地。

正如永王手下的謀士所說，如今天下大亂，唯有南方尚未遭戰火破壞，永王手握四鎮重兵，疆土千里，完全可以東下占領金陵，以富庶的江淮為根據地，積蓄力量，並與北方的肅宗遙相呼應，二人一南一北，對叛軍形成夾擊之勢，必可一舉光復大唐。

按理說，這個計畫其實是有一定可行性，但是他們都忽略了一個人。此人就是肅宗，俗話說一山還不容二虎，更何況是一國之君。從太宗皇帝的玄武門之變，到昔日聖人連殺三子，帝王家的骨肉親情歷來殘酷，肅宗也不例外。

至德二載（西元七五七年）正月，安祿山被他的兒子安慶緒殺害，叛軍陷入內亂。同年八月，唐軍在郭子儀等人的領導下，發動反攻，相繼收復長安與洛陽。之後，安慶緒敗走鄴城，史思明上表請降，大唐在表面上暫時恢復了和平。此時，肅宗放眼天下，除了困守鄴城的安慶緒，屯兵江陵的永王似乎已成為他皇權路上最大的威脅。

十二月，肅宗以永王不聽調令，意圖謀反為由，命高適領大軍伐之。

潯陽入獄

可想而知，永王臨時招募的散兵遊勇根本無法與朝廷的正規軍抗衡，很快就被高適剿滅。之後，高適因討伐永王有功，從淮南節度使一路高升，晉爵渤海縣侯。

相比於十幾年前，我們結伴同遊時，他可謂今非昔比了——那時候，我們都鬱鬱不得志，都渴望建功立業、馳騁疆場，而真正做到的人，似乎只有他一個。

而我就慘了，因參與永王幕府，被朝廷認定為附逆叛黨，直接被關進了潯陽[56]大獄，次年秋後就將問斬。期間，我也曾託人帶信給高適，希望他能念在昔日情分上拉我一把，怎奈信件石沉大海，高適隻字未回，人情冷暖，可見一斑。

在潯陽大獄中，我被關了數月，唯有宗琰與騰空道姑來探望過我。想當初，我去永王幕府，她們就曾極力勸阻，還說永王與肅宗爭位，投他無異於自尋死路，我不以為然。如今她們的話應驗了，看著二人，我無地自容，羞愧難當。

[56] 今九江一帶。

為何連她們都明白的道理，我卻不明白。上天啊，你是存心捉弄我李白嗎？為何總是一再給我希望，又一再讓希望變成絕望。

「夫子，你這些日子受苦了。」宗琰哭道。

「李白愧對夫人啊。」我亦淚流滿面。

「先生莫慌，待我去長安多加活動，相信定能為先生洗刷冤屈。」道姑寬慰我道。

「那便有勞騰空子，李白為人魯莽，之前說了一些不中聽的話，願騰空子不要介懷。」我連連鞠躬道謝。

道姑的話，讓我愧疚不已，此前我曾多次因為她是李林甫的女兒，而對她冷言嘲諷，沒想到她竟不計前嫌，願意搭救於我。

「先生不必多禮，都是過去的事了。若能為大唐保住絕世詩才，將是騰空此生最大的榮幸。」道姑連忙將我扶起，說道。

流放夜郎

直到乾元元年（西元七五八年），事情才迎來轉機。

那年五月，宰相張鎬向肅宗諫言，說史思明包藏禍心，難以仁德感化，遲早會再反，應盡快斬草除根。此言一出，隨即觸怒肅宗，張鎬也因之被罷黜相位。畢竟在肅宗看來，北方叛亂即將平定，他也即將成為再造大唐的中興之君，張鎬此時諫言，是在挑撥他和史思明的君臣關係，是想把事情搞大，破壞好不容易得來的大好局面，實乃不合時宜。

張鎬和騰空道姑的父親李林甫是舊識，也是她抵達長安後第一個拜訪的人。好巧不巧，在被罷相的同時，張鎬被改任為荊州大都督府長史，接替永王李璘，統籌江陵的軍政事務，而我附逆永王謀反的案子，也因此落到了他的手上。

「騰空道姑跟我說起過你。」張鎬說道。

「她還好嗎？」我問。

「她已經回廬山，與你夫人宗氏在一起，目前一切安好。」

「那就好。」

「李白啊，我真是羨慕你，有那麼多人喜歡你，不遠千里也要救你。」張鎬笑道。

不久之後，在張鎬的周旋下，我因謀反動機與證據不足，得到寬大處理，豁免死罪，改判長流夜郎[57]，也就是漢時的夜郎國，古人云「夜郎自大」，想來也算對我最大的諷刺。

同年八月，前線的平叛之戰似乎進入最後階段，肅宗命郭子儀、李光弼等九鎮節度使，集結二十萬大軍，前往鄴城圍剿安慶緒，準備就此一鼓作氣，徹底掃清寰宇。

面對唐軍的大兵壓境，安慶緒始終堅守不出，雙方陷入僵持階段，長達半年之久。

[57] 今貴州一帶。

重返巴蜀

也是那年秋天，我自潯陽出發，準備溯長江而上，取道巴蜀，奔赴夜郎。

臨行前，宗琰與騰空道姑從廬山趕來為我送行。但見宗琰身體消瘦，雙眼通紅，料想她昨夜定是又哭了一宿，可憐她不滿四十，便平添了許多白髮，這一切都是我的過錯。

「夫人，是我害苦了妳啊。」我抱著宗琰，痛哭道。

「只恨不能隨夫子同去夜郎。」宗琰說道。

是的，因有朝廷的旨意，家屬不許陪同，我只得獨自隨差役上路。

看著淚流滿面的宗琰，我於心不忍，自知夜郎乃煙瘴之地，此去路途遙遠，我恐將有去無回，遂轉身向騰空道姑言道：「我走後，煩請騰空子替我好生照顧夫人。」

「聖命難違，先生且暫去夜郎，我再往長安為先生周旋。」道姑點點頭，說道。

就這樣，生人作死別，我正式開始了前往夜郎的旅途。

我們的船走得很慢，過了江夏，又過江陵，直至入冬時節才抵達三峽地界。

或許是冥冥中的命運使然，當初，我正是沿著此路出蜀，漫遊天下，如今也是沿著此路，我又重新回到了蜀地。縱兩岸青山依舊，我卻已是戴罪之身，想起宋之問有詩云：「近鄉情更怯，不敢問來人。」此刻的我，算是深有體會。

回望那時，我才二十四歲，仗劍去國，自以為能憑藉一身才學，躋身廟堂，位列卿相，輔國安民，名垂青史。誰知如今年近六旬，不但一事無成，還背上了附逆謀反的罪名，漫長的人生活成了別人眼中的笑話。倘若父親和師父在天有靈，應該會為我感到失望吧。

風蕭蕭兮易水寒，壯士一去兮不復還。

故地重遊，睹物思人，我不禁悲從中來，再次立於船頭，揮舞起趙蕤送我的那把易水劍，既舞向那寒冬的江風，也舞向那虛無的命運。

大赦天下

說到命運，命運在三峽又跟我拐了個大彎，更準確地說是在白帝城。

抵達白帝城後，受連綿的陰雨影響，我不幸染上風寒。我們的船隻也因雨水侵襲，無法繼續通行，只得就地停留。不曾想，這一留就留到了第二年的春天。

那是乾元二年（西元七五九年）的三月，因關中發生大旱，加之連年征戰，使得百姓的生活苦不堪言，肅宗覺得這是上天降罪。為了安撫上天與百姓，他宣布大赦天下，凡有罪者，死者從流，流者赦免——也就是說，我不用去夜郎了。

起初聽到這個消息時，我有點不敢相信。原以為我就將老死於夜郎，再也無法返回中原，誰曾想，我剛做好了必死的準備，走到半路上，突然又跟我說不用去了。

是的，上天又一次捉弄了我。

那還等什麼？也別愁別哭了，趕緊收拾行李，回廬山與宗琰團聚吧，此所謂：

朝辭白帝彩雲間，千里江陵一日還。

兩岸猿聲啼不住，輕舟已過萬重山。

重獲自由，令我轉悲為喜。我想，或許是上天於心不忍，又或許是我命不該絕，總之大難不死，必有後福。大唐，我李白又回來了，等我！

然而，我高興歸高興，此時朝廷方面，並不輕鬆。幾乎在我被赦免的同時，身在范陽的史思明，果真如張鎬所言，再次反叛，親率十三萬大軍南下，援助被困鄴城的安慶緒。

由於叛軍來勢洶洶，唐軍毫無防備，加之宦官魚朝恩在前線胡亂指揮，致使人數占優的唐軍遭遇慘敗，狼狽潰散。

再後來，史思明率軍進入鄴城，以弒父之名誅殺了安慶緒，自己做了偽燕新皇帝。

謁李光弼

唐軍鄴城慘敗，魚朝恩把責任都推到了郭子儀的頭上，致使郭子儀被肅宗剝奪兵權。而接替他的人是他的老搭檔李光弼，兩人同為中興元勛，軍事能力亦旗鼓相當。

乾元二年十月，在李光弼的指揮下，唐軍退守河陽三城，誘敵深入，殲滅叛軍數萬眾，致使叛軍行動受阻。由此，唐軍再次轉守為攻，前線的緊張形勢得到緩解。

肅宗聞之大喜，在第二年，即上元元年（西元七六〇年）正月，正式加授李光弼為太尉兼中書令，總攬朝中軍政事務，全權負責前線平叛事宜。

那時候，我已從白帝城返回廬山半年有餘，本打算就此與宗琰隱居終老，誰知李陽冰卻在此時突然出現，打破了我們原本寧靜祥和的生活。這些年，李陽冰在前線幾經輾轉，數次死裡逃生，目前正在李光弼的帳下效力。

「你可把我害苦了。」我說。

「你的事情，我都知道了，過去的就讓它過去吧。如今平叛勝利在即，我這次是帶著太尉大人的軍令，前來請你再次出山的。」李陽冰說道。

「怎麼，太尉也知道我李白？」我問。

「你是大唐的詩仙，天下何人不知，他還盼你上前線寫詩，鼓士氣、壯軍威呢。」

「難得太尉有心，助我李白建功立業，那我豈能辜負！」

說完，我豪情激蕩，轉身向宗琰言道：「夫人，快取我的易水劍來，我這就隨叔父上路。」

「叔父，還是算了吧，夫子已經答應與我留在廬山修道了。」宗琰看了看我，說道。

是的，宗琰的話，讓我冷靜了下來，也最終使我拒絕了此次出山的請求。

看著李陽冰獨自下山的背影，我忽然湧出無限傷感與不捨，因為我知道，對於已然老病的我來說，這或許是我人生中最後一次建功立業的機會了。

宗琰仙去

上元二年（西元七六一年）三月，史思明與他的老搭檔安祿山一樣，被自己的親生兒子殺害。不久，弒父奪位的史朝義在洛陽稱帝，手下諸將皆不服，叛軍再次陷入內亂。

也是在那個時候，宗琰的身體開始一天不如一天。或者說，從我被抓進潯陽大獄那天，她的身體就已經垮了。身為曾經的相府千金，放著錦衣玉食不要，這些年為了我的事情，她四處奔走，早已心力交瘁、形神枯槁。

應該說，宗琰是我最對不起的人。一路走來，我既沒能成為她眼中想要的神仙眷侶，也沒能成為我自己心中嚮往的王公卿相。似乎曾經真心待我的女人，都沒得到什麼好下場，怎麼看，我都是個徹頭徹尾的失敗者。

如果說此前，是因為要等我從夜郎歸來，宗琰還能一直強撐著病體，那麼如今，我已經平安回到她的身邊，她終於不再有什麼牽掛，於那年初秋，羽化登仙去了。

宗琰一生篤信道教，去世的時候，只有我和騰空道姑二人陪著她。我們一起在廬山上為她唸誦了兩天兩夜的經文，只願她能往生天界，得成大道。

或許是看透了世道的虛幻，又或許是深知我的天性，致使宗琰後來一再反對我入仕。而在此之前，裴旻、元丹丘、吳筠都曾對我說過類似的話，我都不以為然。但在經歷了潯陽入獄與流放夜郎之後，我的心境似乎已產生了微妙的改變。我在想，我這一生為功名奔波勞碌，卻屢屢受挫，眾人只看到了我的灑脫，卻不明白我面向權貴時的無奈，歷經一世蹉跎，所謂建功立業，所謂功成名就，依舊如海市蜃樓般可望而不可即，做了那麼多的夢，也不過是竹籃打水一場空。

「難道是我錯了嗎？」我問騰空道姑。

「先生秉承天道，卻明知不可為而為之，何錯之有？」道姑反問。

王維杜甫

上元二年的八月，我辭別了騰空道姑，獨自前往金陵散心去了。

那是我年輕時最喜歡去的城市之一，如今故地重遊，昔日舊友多已離散，唯有涇縣汪倫與被貶此地的賈至等人作陪，冷清孤獨之感，遂油然而生。

正是從賈至那裡，我得知王維不久前去世的消息。作為我的同齡人，王維一生自視甚高，被時人稱為「一代文宗」。安史之亂中，我們都站錯了隊，結局卻完全不同——我被長流夜郎，而他什麼事沒有，最後還一路升官，做到了尚書右丞——真是人比人，氣死人啊。

賈至還告訴我，杜甫辭官去成都投奔嚴武的事情，說他如何在朝堂上諫言頂撞肅宗，如何拖家帶口為生活四處奔波，又如何在親歷了中原的戰火紛飛後，卻依舊心繫蒼生社稷，一路上顛沛流離，還不忘寫詩為戰亂中的百姓鳴不平。

子美還是老樣子，一如既往的熱誠與執拗，他才是那個「明知不可為而為之」的人。

「安得廣廈千萬間，大庇天下寒士俱歡顏。」賈至忽然念起杜甫在成都草堂寫的詩，因為此詩心繫蒼生，感情真摯，透露著大悲憫，剛寫出來沒多久便傳遍了大唐。

「杜子美真是語不驚人死不休啊。」我感嘆道。

此後，我與汪倫、賈至二人，結伴同遊金陵。這裡有長江天塹保護，戰火尚未染指，只見街市上亭臺樓閣依舊，燈紅酒綠處，人群熙攘繁盛，恍惚回到開元天寶年間。

望敬亭山

鳳凰臺上鳳凰遊，鳳去臺空江自流。

上元二年（西元七六二年）的冬天，遊覽完金陵鳳凰臺後，我風寒復發，加之過量飲酒，大病了一場。待病情好轉後，我自感大限臨近，遂再次前往當塗找李陽冰。

此時，李陽冰已是我在這世上為數不多的親人了。此次戰亂，他跟隨李光弼平叛有功，原本應加官晉爵，卻拜辭不受，甘願回家頤養天年，倒頗有些功成身退的意思，與我的脾氣對頭。為此，我決定將生平所留存的詩稿，悉數託付給他。

我想，我這一生居無定所，屢退屢進，卻終究一事無成。我既不是一個好兒子，也不是一個好父親，更不是一個好丈夫，但這些詩稿或許可以成為一個見證——曾經的繁華盛世，我李白來過，活過，愛過。

終而，到第二年暮秋，唐軍又重新收復了東都洛陽，史朝義率領著殘兵敗將，北渡黃河，一路狼狽逃回了范陽老巢，眾叛親離，離覆滅之日不遠了。

聽聞這個消息，我一度略感欣慰，但是轉念一想，似乎又覺得誰勝誰負，已經跟我沒什麼關係了。所謂扶搖直上、封侯拜相，都隨風去吧，我既不是司馬相如，也不是江左謝安。

我就是我，千古無二的李白，李太白。

在一個陽光明媚的清晨，我獨自走上了敬亭山，一個人在山頂的石頭上坐了很久，我望著天上，眾鳥高飛，白雲朵朵，忽然感到無比的滿足。

這種滿足，當年父親駕車帶我回蜀地時有過，年少跟趙蕤學藝時有過，第一次出蜀時有過，奉詔入長安時有過，在碎葉，在綿州，在安州，在東魯，在宋州，在洛陽，在金陵，在揚州，在江夏，在白帝城，在終南山、嵩山、泰山、廬山、敬亭山……都有過。

那便是我遇見的每一座山，每一條河，每一處城市與村落，乃至每一個人。

後記

一

故事的緣起，是在二〇一七年的夏天。那時，我剛完成人生的一次「壯遊」，從深圳坐火車，一路北上，至西安，後繼續西行，經甘肅、青海，最終抵達了西藏拉薩。沿途的雪山、戈壁，還有成群的藏羚羊，令我動容。我還記得某天清晨，當我從火車上醒來，抬頭忽見窗外飄起的雪花，我的第一反應竟是岑參的一句詩：「北風捲地白草折，胡天八月即飛雪。」——果然，古人誠不欺我。

是的，由唐至今，往事越千年，但古人的心，與我們仍舊相通。

有鑑於此，出於對唐人精神的推崇，抑或對大西北風光的念念不忘，從西藏回來後，我便萌發了寫作「盛唐」的念頭，這也是全書開頭，天竺高僧善無畏來長安傳法的由來——唐人以其自由、包容的胸襟與熱情，詮釋了真正的「盛唐氣度」。

說到「盛唐氣度」，在詩人身上表現得尤為明顯。終唐一代，僅《全唐詩》收錄的詩人就超過兩千五百人，說唐是詩的時代，也毫不為過。

至於盛唐，因其社會相對穩定繁榮，加之相對寬鬆的文化氛圍，一群才氣縱橫的詩人帶著大雁塔的餘暉，在長安的廟堂與江湖山水之間遊走。

他們隨手寫下的詩句，至今仍在被我們傳唱。

二

唐人也喜歡「壯遊」，杜甫有過，李白有過，王維也有過。那是對世界與遠方的探尋，也是對自我生命的求索。更巧合的是，詩人的探尋與求索，正好與時代的呼吸同步——開拓進取的大唐，需要詩人的豪情，更需要他們的腳步，來丈量帝國的疆界與人心。

其中，尤以李白的旅行最為知名，即所謂「五嶽尋仙不辭遠，一生好入名山遊」。正是在旅行的途中，李白為我們寫下了那些耳熟能詳的詩歌。景語即情語，儘管這些詩歌的創作動機與目的各不相同，或為借景抒懷，甚或為干謁權貴，但都無關緊要——因為最終讓我們記住的，不過是詩句中留存下來的，最真摯與最純然的情感。

然，勝地不常，盛筵難再。歷史的弔詭之處就在於，很多事情看似偶爾，實則卻是必然——和平年代，詩人是大唐的榮耀與臉面，當戰爭來臨，他們又各自遭逢突兀的命運。

從暗流湧動的朝堂，到幅員遼闊的邊疆，士人與武人，貴族與寒門，各種矛盾交織在一起，終成滔天巨浪，從北方洶湧而來，個人渺小如塵埃——天寶十四載（西元七五五年）的冬天，安祿山的一把大火，讓盛世轉瞬淪為幻影，我們的故事也因之而起。

三

從起心動念，到真正落筆，期間又掠去三、四年的光陰。李白說：「夫天地者，萬物之逆旅也，光陰者，百代之過客也。而浮生若夢，為歡幾何？」在這三、四年裡，如你所見，我們所生活的當下世界，已然發生了深刻的變化，常常給人以恍如隔世之感。而我之所以遲遲不肯落筆，一是自覺自身累積尚有欠缺，二是時局的變化，讓我並不急於寫作，加之忙於日常瑣事，故而一再延後。

期間，我也閱讀了一些相關著述，包括莫礪鋒《杜甫評傳》、袁燦興《大唐之變》、郭建龍《盛世的崩塌》、哈金《李白傳》、何大草《春山》等，他們或多或少，從不同層面上，給予了我寫作此書的啟發。

二〇二一年春末，從洛陽旅行歸來後，我腦海中的故事終於再次浮現。站在高聳的應天門外，看著廣場上滿是身著唐風漢服的年輕人，他們或放肆高談闊論，或盡情遊樂嬉戲，竟讓我有一剎那的恍惚，如同時空穿越一般，回到那個遙遠的年代。

是的，原來仍有那麼多的人，與我一樣，深愛著我們的傳統與文化，我們在歷史中漫步，是為更好地前行，承前啟後，方能開創新的未來。我知道，我的寫作是有意義的。

四

司馬光有言：「若問古今興廢事，請君只看洛陽城。」正是在洛陽，他完成了《資治通鑑》的編撰工作，前後歷時十餘年。與司馬光一樣，我也喜歡洛陽，我一直覺得它是一座可以與長安比肩的城市，且「居於天下之中」，是盛唐的另一個象徵。

在洛陽龍門，伊水河畔，我與那尊著名的盧舍那大佛，隔河相望良久，這殘缺的佛像是歷經千年風霜的偉大藝術品，她見證過盛大與輝煌，也目睹過苦難與不幸，但她的神情始終平靜，像伊水一樣平靜。

在伊水兩岸，還保留著許多唐代達官顯貴的墓塚，只是大多已荒廢，但是也有例外，比如白居易，他的墓園至今仍舊枝繁葉茂、遊人如織，甚至連日韓友人也都慕名前來祭拜，並為他樹碑銘文，這既與那些荒廢墓塚形成了鮮明對比，同時也反映出唐文化影響之深遠，早已遠播海外。

可以想見，一千多年前的大唐，無數國際友人往返於洛陽與長安之間，和詩人們詩酒唱和，交通貿易，談佛論道，並行不悖，該是何等奇遇的場面。

想到這些，我便想起自己的過去，想起那些「相逢意氣為君飲」的青春片段，想起曾經一起寫詩、一起去遠方旅行的朋友，我為此感到無比的滿足——我想，那就是屬於我的「盛唐」。

五

回到本書，作為一本歷史小說，除了歷史與詩人本身，隱藏在歷史背後的人性與人心，乃是我最想探討的東西之一——面對時代的巨變，就個人命運而言，應當如何抉擇？書中有三位主人公，他們分別從各自視角，給予了我們三種不同的答案。

安史之亂發生前後，風雲變幻，幾乎波及了我們所熟知的每一位盛唐名人，如同夢醒的前夜，所有人酒熱正酣，歌舞昇平，忽然就馬蹄飛濺，煙塵四起，夢魘降臨，盛世戛然而止——極具戲劇性與表現張力，也因而成為歷代文人都十分熱衷表現的創作題材。那麼，面對著眾多前人與今人的著述，我為什麼仍要寫這個故事？

古往今來，凡講歷史，無不從帝王將相講起，未免過於高居廟堂，宏大敘事，即梁啟超先生所謂「二十四史非史也，二十四姓之家譜而已」。我以詩人之視角，躬身入局，旨在從更細微之處，察覺時代大變局下，人性與人心的幽暗與光芒。

詩人之所以為詩人，正在於其純然的赤子之心，不會因時間與地位的變化而產生改變。這也正是我所想表達的——盛世與亂世的兩極體驗，從璀璨的明星到亂世中的浮萍，無論身居何處，仍有一些東西值得我們去堅守與呵護。

六

最後，歷史重在敘事，小說重在人物。王維、杜甫、李白作為盛唐最「著名」的三名詩人，他們的生平事跡，我們並不陌生，只是我們很少會將詩人的個人生平代入時代的大變局中，其間的化學反應也是閱讀此書的一大樂趣所在，如果讀者能從中讀到與通常認知有所不同的詩人形象，那將是我莫大的榮幸。

此時，距離小說初稿完成，已一年有餘，距離我從拉薩回到深圳，已六年有餘，當我再次翻閱這個故事，當初寫作的情景卻仍歷歷在目，這對我來說，無異於又一次「壯遊」——這些年我又去了很多地方，經歷了很多事情，思緒也有了一些新的改變，然而，我卻覺得與故事中的詩人們愈加親近，我從未忘記過他們，就像他們也從未忘記過你我。

王子安有詩云：「海內存知己，天涯若比鄰。」願每個人都能從這跌宕的故事中，讀出溫情；從無言的歷史中，看見自己。也願每個人的心中，都能留有一片盛唐的月光，照亮各自的前程與嚮往。

電子書購買　　爽讀 APP

國家圖書館出版品預行編目資料

王維、杜甫、李白，盛唐三大詩人：詩佛 × 詩聖 × 詩仙……三位不朽詩人，三條人生脈絡，交織出繁華與傾覆的史詩長卷 / 周朝 著 . -- 第一版 . -- 臺北市：山頂視角文化事業有限公司，2025.09
面；　公分
POD 版
ISBN 978-626-7709-45-0(平裝)
1.CST: 人物志 2.CST: 唐代
782.244　　114011890

王維、杜甫、李白，盛唐三大詩人：詩佛 × 詩聖 × 詩仙……三位不朽詩人，三條人生脈絡，交織出繁華與傾覆的史詩長卷

臉書

作　　者：周朝
發 行 人：黃振庭
出 版 者：山頂視角文化事業有限公司
發 行 者：山頂視角文化事業有限公司
E-mail：sonbookservice@gmail.com
粉 絲 頁：https://www.facebook.com/sonbookss/
網　　址：https://sonbook.net/
地　　址：台北市中正區重慶南路一段 61 號 8 樓
8F., No.61, Sec. 1, Chongqing S. Rd., Zhongzheng Dist., Taipei City 100, Taiwan
電　　話：(02) 2370-3310　　**傳　　真**：(02) 2388-1990
印　　刷：京峯數位服務有限公司
律師顧問：廣華律師事務所 張珮琦律師

定　　價： 420 元
發行日期： 2025 年 09 月第一版
◎本書以 POD 印製